art in context

Renaissance in Florenz

Das Jahrhundert
der Medici

DUMONT

Umschlagvorderseite: Sandro Botticelli: *Primavera* (Detail). Siehe Abb 105. S. Foto: © Scala, Antella (Florenz)
Umschlagrückseite: Filippo Brunelleschi: Kuppel, Dom von Florenz (Abb. 36) und Lorenzo Ghiberti: *Opferung Isaaks* (Abb. 21).

Danksagung

Ein Buch, das auf wenigen Seiten einen Überblick über ein so gut erforschtes Gebiet wie Florenz vermitteln will, ist unzähligen Autoren zu Dank verpflichtet. Das Literaturverzeichnis soll daher gleichzeitig den Dank des Autors ausdrücken. Darüber hinaus sollen stellvertretend für alle übrigen folgende, für die vorliegende Darstellung besonders wichtige Autoren namentlich genannt werden: Brucker, Burke, Dempsey, Elkins, Goldthwaite, Hood, King, Klapisch-Zuber, Martines, C. Smith und Trexler.

Das vorliegende Buch basiert auf zwei Seminaren, die ich im Jahr 1995 – gemeinsam mit meinem New Yorker Universitäskollegen Leonard Barkan beziehungsweise im Rahmen von Edmondo Danons Programm »Hesperia« in Spoleto – veranstaltete. Mein besonderer Dank gilt daher Leonard und Edmondo sowie unseren Studenten.

Die Zusammenarbeit mit Calmann and King gestaltete sich sehr erfreulich. Ich möchte mich bei Lesley Ripley Greenfield, Susan Bolsom-Morris und Tim Barringer bedanken, die mir mit wertvollen Ratschlägen zur Seite standen, sowie bei Celia Jones und insbesondere bei Programmdirektor Jacky Colliss Harvey.

Simone Clemente-Martinez erwarb sich große Verdienste, indem sie mein stellenweise mühsam zu entzifferndes Manuskript in den Computer eingab.

Wie stets fand ich bei Jane in jeglicher Hinsicht Unterstützung. Das vorliegende Buch ist unseren Söhnen Louis und David sowie unseren Schwiegertöchtern Rodden und Robin gewidmet.

Die Deutsche Bibliothek – CIP-Einheitsaufnahme

Renaissance in Florenz:
: das Jahrhundert der Medici / A. Richard Turner.
[Übers.: Christine Diefenbacher]. - Köln : DuMont, 1996
    (Art in context)
    Einheitssacht.: The Renaissance in Florence .<dt>
    ISBN 3-7701-3942-9
NE: HST

Übersetzung aus dem Amerikanischen von Christine Diefenbacher
© der englischen Ausgabe: Calmann & King Ltd., London 1997
© der deutschen Ausgabe: DuMont Buchverlag, Köln 1997

Produktion und Design: Calmann & King Ltd., London
Series Consultant: Tim Barringer (University of Birmingham)
Satz der deutschen Ausgabe: DuMont Buchverlag, Köln
Druck und buchbinderische Verarbeitung: South China Printing Co., Hongkong
ISBN 3-7701-3942-9
Printed in Hongkong

INHALT

0   1000   2000yds

0   1000   2000m

Die Medici in Florenz (1360–1503)

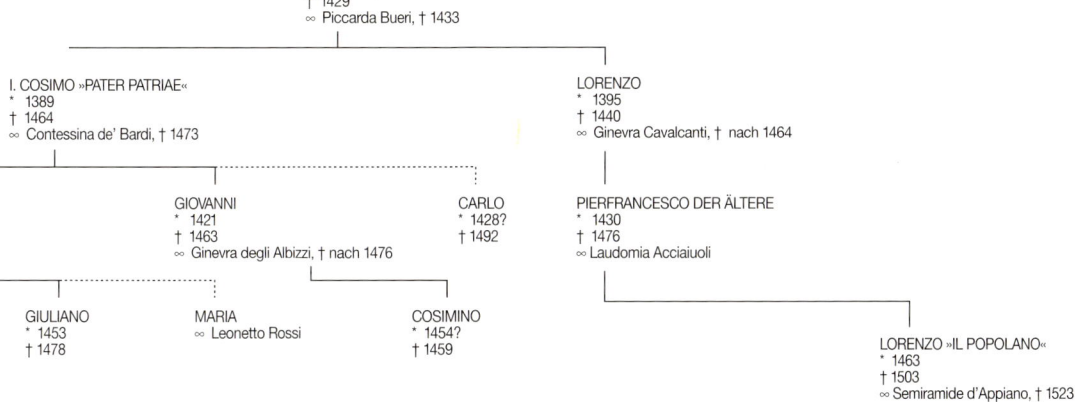

GIOVANNI DI BICCI
* 1360
† 1429
∞ Piccarda Bueri, † 1433

I. COSIMO »PATER PATRIAE«
* 1389
† 1464
∞ Contessina de' Bardi, † 1473

LORENZO
* 1395
† 1440
∞ Ginevra Cavalcanti, † nach 1464

GIOVANNI
* 1421
† 1463
∞ Ginevra degli Albizzi, † nach 1476

CARLO
* 1428?
† 1492

PIERFRANCESCO DER ÄLTERE
* 1430
† 1476
∞ Laudomia Acciaiuoli

GIULIANO
* 1453
† 1478

MARIA
∞ Leonetto Rossi

COSIMINO
* 1454?
† 1459

LORENZO »IL POPOLANO«
* 1463
† 1503
∞ Semiramide d'Appiano, † 1523

EINFÜHRUNG

W er diese Stadt besucht, bekommt auf lebendige Weise vor
Augen geführt, was viele von uns bereits in der Schule ge-
lernt haben: Florenz brachte eine Reihe ganz und gar außerge-
wöhnlicher Künstlerpersönlichkeiten hervor, die mit ihren
eindrucksvollen Bauten und Kunstwerken die Stadt nachhaltig
prägten. Ebenso wie Athen im fünften Jahrhundert vor Christus
ist Florenz mehr als nur ein Punkt auf der italienischen Landkarte: Es verkörpert in der westlichen Welt eine kulturelle Idee,
ein kulturelles Ideal.

Die Schriften der vor mehr als fünfhundert Jahren lebenden
Florentiner Gelehrten künden allenthalben von einer spürbaren
Tatkraft, einem großen Enthusiasmus und erwähnen immer
wieder den Begriff der »rinascità« – Wiedergeburt. Die Hervor-
bringung großartiger Leistungen, bemerkenswerter Erzeugnisse,
besserer Lebensumstände: all dies erfolgte im Rahmen einer
fruchtbaren Auseinandersetzung mit dem wiederentdeckten kulturellen Selbstverständnis der griechischen und römischen Antike. Die Menschen des Altertums zeichneten sich nicht nur durch
ihre Lehrwerke, sondern auch durch ihren in vielerlei Hinsicht
beispielhaften Lebenswandel aus. In einer Zeit, da das Alltagsleben zunehmend in Konflikt mit der christlichen Tradition
geriet, bot sich hier ein willkommenes Vorbild an Weisheit.

Der Begriff der Wiedergeburt fand in Florenz ebenso im Bereich der Literatur wie innerhalb der bildenden Kunst Anwendung. Übereinstimmende Angaben zu den zentralen Figuren,
Ereignissen oder Daten wird man jedoch eher vergeblich suchen.
Niemand benutzte den Begriff *rinascità,* um damit eine auf die
Gesamtheit des gesellschaftlichen Lebens bezogene Wieder-
belebung antiker Ideale zu verzeichnen. Die Vorstellung von
einer allumfassenden Renaissance entstand erst im 19. Jahrhundert – »il rinascimento«. Erstmals 1855 von dem französischen Historikers Jules Michelet (1798–1874) skizziert, wurde
sie von dem Baseler Gelehrten Jacob Burckhardt (1818–1897) in

dem 1859 veröffentlichten Werk »Die Kultur der Renaissance in Italien« auf brillante Weise fortentwickelt. Burckhardt zufolge wandten sich die Italiener im ausgehenden Mittelalter von der überkommenen Denkweise und Gesellschaftsstruktur ab und entwickelten eine Reihe von Wertvorstellungen und Verhaltensweisen, wie sie für die beginnende Neuzeit typisch wurden. Der berühmte Kunsthistoriker widmete sich in seiner Untersuchung weniger der traditionellen Schilderung einzelner Herrscher und Kriege, sondern stellt vielmehr die Kulturgeschichte in den Mittelpunkt, wobei er die geistigen und künstlerischen Errungenschaften besonders betonte. Seine Darstellung stützt sich auf italienische Quellen aus der Zeit zwischen dem 13. und 15. Jahrhundert. Kapitelüberschriften wie: »Der Staat als Kunstwerk«, »Die Entwicklung des Individuums«, »Die Wiederentdeckung des Altertums«, »Die Entdeckung der Welt und des Menschen«, »Die Geselligkeit und die Feste« illustrieren den Horizont, von dem her Burckhardt seine Arbeit in Angriff nahm.

Die hervorragend strukturierte Untersuchung mit ihren prägnanten Beschreibungen ist selbst ein wahres Kunstwerk. Wohl widerspricht die moderne Forschung gelegentlich Burckhardts Ansatz – sie sieht Kontinuität, wo er einen deutlichen Bruch mit dem Mittelalter konstatiert, kritisiert seine allzu optimistischen Einschätzungen im Hinblick auf die Autonomie des Individuums und die Stellung der Frau und bemängelt, daß die fortwährende und nahezu allgegenwärtige Präsenz der christlichen Lehre nicht angemessen berücksichtigt worden sei –; dennoch handelt es sich nach wie vor um ein hervorragend geschriebenes und einflußreiches Werk, das über anderthalb Jahrhunderte hinweg für die gesamte Renaissanceforschung maßgeblich war.

Burckhardt betrachtete seine Zeitgenossen als Nachfahren der ersten Söhne und Töchter des neuzeitlichen Europa. Uns hingegen ist das Zeitalter der Renaissance wesentlich ferner, und es fallen uns Dinge auf, die Burckhardt vielleicht nicht zu sehen vermochte. Die Schwelle zur Neuzeit ist wohl eher Ende des 18. Jahrhunderts anzusetzen. Damals vollzog sich in Europa der Schritt von einer landwirtschaftlich geprägten zu einer industriellen Gesellschaft, wurden aristokratische Verfassungen von demokratischen abgelöst und rückte statt der Moralphilosophie die exakte Naturbeobachtung in den Mittelpunkt geistiger Auseinandersetzung. Als Erklärungsmodell für natürliche Phänomene und Grundlage zur Lösung menschlicher Probleme wurde die Religion allmählich von der Wissenschaft verdrängt. Wenig später revolutionierte die Erfindung der Dampfmaschine das gesamte Transport- und Verkehrswesen. Automobil und Flugzeug sowie die Technisierung des Kommunikationswesens haben die Kluft zwischen uns und den Bewohnern der Arnostadt seit Burckhardts Tod weiter vertieft.

Das vorliegende Buch thematisiert die Kunst zwischen dem 13. und 15. Jahrhundert in ihrem gesellschaftlichen Umfeld, wobei das 15. Jahrhundert besonders im Mittelpunkt steht. In dieser Zeit legte die florentinische Kunst, die mit dem Wirken des Universalgelehrten Leonardo da Vinci (1452–1519) und mit Michelangelo (1475–1564) ihren Höhepunkt erreichte, das Fundament zu dreihundert Jahren europäischer Kunstgeschichte – eine Auffassung, die erstmals von dem Humanisten und Architekten Leon Battista Alberti (1404–1472) in seinem 1435 erschienenen Traktat De Pictura vertreten wurde.

Darüber hinaus brachte das ausgehende 15. Jahrhundert das Ende jener legendären Freiheit, in deren Ruhm sich Florenz über zwei Jahrhunderte lang gesonnt hatte. Im Frühjahr 1492 starb mit Lorenzo de' Medici (1449–1492), einem Humanisten par excellence, der faktische Herrscher von Florenz und 1494 leitete dann die Invasion der französischen Truppen den Beginn jahrhundertelanger Fremdherrschaft in Italien ein. Angesichts dieser Sachlage prägte der Florentiner Francesco Guicciardini (1483–1540) prägte für die 90er Jahre des 15. Jahrhunderts die Bezeichnung »calamita d'Italia« – das Unglück Italiens.

Die Zeitspanne zwischen 1300 und 1500 läßt sich in zwei bedeutende Phasen unterteilen, auch wenn dies für Guicciardini oder Burckhardt weniger einsichtig gewesen zu sein scheint. Die erste Phase ist durch einen massiven wirtschaftlichen Aufschwung gekennzeichnet, der im frühen 14. Jahrhundert seinen Höhepunkt erreichte und unter anderem dazu führte, daß die traditionelle christliche Lehre mit einem sich zunehmend verändernden Glaubensverständnis konfrontiert wurde. Die zweite Phase setzte um 1350 ein, als man begann, auf die Vorstellungen der heidnischen Antike zurückzugreifen, um die traditionelle christliche Weltsicht und die neuen gesellschaftlichen Werte miteinander in Einklang zu bringen.

Italien zur Zeit der Renaissance

Italien wird in südöstlicher Richtung von einem stattlichen Gebirge, dem Apennin, durchzogen, dessen Ausläufer beiderseits bis ans Meer reichen. Deshalb verglich ein Schriftsteller des 15. Jahrhunderts Italien mit einer Fischgräte. Aufgrund der geographischen Gegebenheiten war Italien wie das in Stadtstaaten gegliederte antike Griechenland in einzelne Täler und Ebenen unterteilt. Wer sich von einem Tal in ein anderes begeben wollte, mußte, vor allem im Winter, große Strapazen auf sich nehmen.

Diese besonderen geographischen Bedingungen standen jeglichem regionalen Zusammenschluß und erst recht einer nationalen Einigung im Wege und führten dazu, daß sich lokale Dialekte und Bräuche sowie eine Vielzahl von Maßen, Gewichten und Münzen herausbildete. Andererseits verfügte bis zur Konsolidierung der europäischen Monarchien im 15. Jahrhundert

2 Leonardo da Vinci,
Landschaft, 1473.
Federzeichnung und Sepia
auf Papier, 19 x 28,5 cm.
Uffizien, Florenz.

Die vorliegende, das Datum
5. August 1473 tragende
Skizze wurde vermutlich von
einem unbekannten Aus-
sichtspunkt oberhalb des
Arno angefertigt. Vergleichbare Gegenüberstellungen
hügeliger und ebener Landschaften sind in ganz Italien
verbreitet.

keine Armee über den notwendigen Nachschub, um erfolgreich
die italienische Halbinsel besetzen zu können. Die militärischen
Auseinandersetzungen zwischen den italienischen Städten
wurden überwiegend auf ländlichem Gebiet ausgetragen, so daß
bis zur Entwicklung massiver Geschütze im ausgehenden 15.
Jahrhundert die Städte selbst nur selten in Gefahr waren oder
unmittelbar in Mitleidenschaft gezogen wurden.

Die Städte

In der Renaissance zählte in der westlichen Welt keine Stadt
mehr als 200 000 Einwohner. Das Europa des 14. und 15. Jahrhunderts war in erster Linie durch bescheidene Siedlungen gekennzeichnet, in denen die Bauern das Land der adeligen Herren
bestellten und diesen einen Teil der Erträge ablieferten, während
die Adligen dazu verpflichtet waren, ihre Bauern zu schützen.
Städtische Zentren waren die Ausnahme und fanden sich
lediglich in den Niederlanden, im Rheintal und in Italien.

Italien stellte in zweierlei Hinsicht einen Sonderfall dar. Die
italienischen Städte waren meist römische Gründungen und
hatten die Barbareneinfälle im frühen Mittelalter weitgehend
unbeschadet überstanden. Sie verfügten häufig nicht nur über
eine ausgeprägte Infrastruktur, sondern dank des fortbestehen-
den römischen Rechts gleichzeitig auch über ein tragfähiges

Fundament für ein Staatswesen. Jede Stadt kultivierte ihren eigenen Gründungsmythos, in dem meist ein berühmter Römer vorkam – im Falle von Florenz Julius Caesar beziehungsweise Kaiser Augustus. Die Landkarte des damaligen Italien wurde bestimmt von einzelnen Stadtstaaten, zwischen denen verstreut kleine Dörfer lagen.

Wirtschaft und Handel in Florenz

Jede Stadt verfügte über eine eigene wirtschaftliche Grundlage. Genua und Venedig lebten vom Seehandel, Mailand von der Waffenherstellung und Florenz von Bankwesen, Tuchproduktion und internationalem Handel. Die Stadt hatte sich frühzeitig zu einem der leistungsfähigsten Wirtschaftszentren Europas entwickelt. Der 1252 erstmals geprägte Florin (Abb. 2) wurde rasch zum internationalen Münzfuß, und die Erfindung der doppelten Buchführung ermöglichte eine raschere Abwicklung der Geschäfte. Florentiner Bankiers liehen sowohl dem Papst als auch europäischen Monarchen Geld und errichteten Handelsstützpunkte auch außerhalb Italiens – von den Niederlanden bis zur Iberischen Halbinsel und Konstantinopel. Wohl machten zu Beginn des 14. Jahrhunderts säumige Schuldner den florentinischen Banken schwer zu schaffen, doch trotz dieser Krise stammten im 15. Jahrhundert die größten Bankiers des Landes aus Florenz. Mit Cosimo de' Medici (1389–1464) – der bald nach seinem Tod mit dem Beinamen »pater patriae«, »Vater des Vaterlandes«, geehrt wurde – gelangten sie auf den Gipfel ihrer Macht.

Die Infrastruktur des florentinischen Wirtschaftssystems bildeten die Zünfte, in denen die Handwerksmeister organisiert waren. Im Jahre 1393 beschrieb ein Dichter Florenz als »la terra di mercatantia«, und in der Tat stand die Stadt ganz im Zeichen von Handel und Handwerk. Die verschiedenen Zünfte repräsentierten die einzelnen Gewerbe von den Metzgern bis hin zu den Rechtsgelehrten. Es gab sieben größere Zünfte – *Arti Maggiori* – und vierzehn kleinere Zünfte – *Arti Minori*. Politische Wahlämter standen ausschließlich den Mitgliedern der größeren Zünfte offen; wer eine öffentliche Position anstrebte, mußte daher Mitglied in einer dieser Zünfte sein. Die Zünfte erließen Richtlinien für das betreffende Handwerk oder Gewerbe. Sie befanden über die Ausbildung, die Aufnahmebedingungen, die Qualität des zu verwendenden Materials und dessen Verarbeitung und suchten unredliche Praktiken zu unterbinden. Sie konnten ihre Mitglieder zur Rechenschaft ziehen und regelten ihre Streitigkeiten mit anderen Zünften vor dem Handelsgericht.

Abgesehen von ihren wirtschaftlichen Aufgaben engagierten sich die Zünfte nachhaltig im religiösen Leben und in der Fürsorge (Abb. 3). Jede Zunft beteiligte sich an den zentralen religiösen Feiertagen der Stadt und richtete Festlichkeiten zu Ehren ihres

3 Der florentinische Florin. Die eine Seite zeigt das Stadtsymbol der Lilie, die andere den Stadtheiligen Johannes den Täufer. Museo Bardini, Florenz.

Die wegen ihrer Reinheit berühmte Goldmünze diente in der Folgezeit anderen europäischen Münzen als Vorlage.

speziellen Schutzpatrons aus. Überdies waren die Zünfte für den Unterhalt der Hauptkirchen und der mehr als dreißig Hospitäler zuständig, zu denen damals neben Krankenhäusern auch Altenheime zählten. Die Zünfte stellten somit einen wichtigen finanziellen und sozialen Faktor im städtischen Leben dar.

Das Bildungswesen

Eine Stadt, in der Bankwesen, Gewerbe und internationaler Handel eine derart zentrale Rolle spielten, brauchte Bürger, die neben praktischen Fertigkeiten über eine entsprechende Bildung verfügten, zumindest sollten sie lesen, schreiben und rechnen können. Obwohl nur spärliche Angaben vorliegen, darf man annehmen, daß Florenz mit vermutlich mindestens einem Drittel der männlichen Bevölkerung die höchste Alphabetisierungsrate in ganz Europa besaß. Eine Art Grundschule vermittelte den Kindern die wichtigsten Grundkenntnisse. Einige von ihnen besuchten anschließend eine Abakus-Schule, an der sie in angewandter Mathematik unterrichtet wurden. Im Jugendalter fiel die Entscheidung über ihren weiteren Werdegang. Wenn sie ein Handwerk erlernen sollten, traten sie in eine Werkstatt ein, absolvierten eine Lehre, widmeten sich der Praxis und sprachen weiterhin die lokale Mundart. Sie konnten aber auch zur Universität gehen, sich dort der geistigen Arbeit und der lateinischen Sprache (die von den Gebildeten aller Länder gesprochen wurde) widmen, um später in den Dienst der Kirche oder der Verwaltung zu treten. Lediglich von einem einzigen, relativ unbedeutenden Künstler weiß man, daß er einen Universitätsabschluß besaß. Jene vielseitigen Menschen, die wie Leon Battista Alberti und Leonardo da Vinci die künstlerische Praxis mit theoretischen Untersuchungen zu ergänzen wußten, waren selten.

Politik und Religion

Die komplizierte politische Landschaft Europas in der frühen Neuzeit läßt sich schwerlich in wenigen Sätzen beschreiben. Die italienischen Stadtstaaten fühlten sich von den beiden sogenannten »Supermächten« der damaligen Zeit, dem Papst und dem Heiligen Römischen Reich, dessen Schwerpunkt nördlich der Alpen lag, entweder angezogen oder sie versuchten, deren Zugriff zu entgehen. Der Papst war damit beschäftigt, seine eigene Stellung zu verteidigen, nachdem sein Anspruch auf Universalität in der Mitte des 13. Jahrhunderts zu bröckeln begonnen hatte. Die Kaiser träumten wohl davon, Italien wieder stärker in das Heilige Römische Reich einzubinden, wurden jedoch durch innenpolitische Schwierigkeiten und die geographische Barriere der Alpen und des Apennin davon abgehalten,

4 Meister Biadaiolo,
In Orsanmichele wird Korn an die Bedürftigen verteilt, zwischen 1335 und 1340. Buchmalerei. Biblioteca Medicea Laurenziana, Florenz.

Orsanmichele verfügte über beträchtliche Einnahmen. Die Miniatur zeigt eine Art »soziales Netz«, das – lange vor der Einführung des Wohlfahrtsstaates – den Ärmsten zugute kam.

dieses Ziel zu verwirklichen. Dennoch suchten einzelne Städte oder Städtebünde eine Übereinkunft mit Papst oder Kaiser, um mit deren Hilfe eigene Interessen durchsetzen zu können.

Die Geschichtsbücher pflegen zu vereinfachen. Die Guelfen hielten ihnen zufolge zum Papst, während die Ghibellinen sich auf die Seite des Kaisers schlugen. Bis um das Jahr 1300 mag dies auch weitgehend zutreffen, doch im 14. Jahrhundert verblaßte diese Unterscheidung bis zur Bedeutungslosigkeit und wurde durch pragmatische und opportunistische Bündnisse abgelöst, die häufig der traditionellen Einteilung in Guelfen und Ghibellinen zuwiderliefen.

In der städtischen Politik von Florenz zählte in erster Linie der Gegensatz zwischen Republik und Fürstentum. Mit Ausnahme von Venedig wurden die norditalienischen Stadtstaaten von Fürstenfamilien regiert. In der Toskana hingegen bildeten sich drei echte Republiken – Lucca, Siena und Florenz – heraus, in denen der Adel von der Regierung ausgeschlossen war. Der Florentiner Kanzler Coluccio Salutati (1331–1406) erwies sich als besonders eifriger Verfechter der republikanischen Idee und wollte die in Florenz herrschende Freiheit zum Modell für alle italienischen Städte machen. Unter Salutati geriet Florenz in eine schwere Krise: 1402 konnte die drohende Unterwerfung durch Mailand nur durch den plötzlichen Tod des Herzogs von Mailand abgewendet werden. Obwohl die republikanische Verfassung im Lauf der Zeit mehrfach geändert wurde, zeichnete sie sich doch durch einige feste Konstanten aus: Die Wahlämter standen nur einer begrenzten Anzahl männlicher Bürger (den Mitgliedern der großen Zünfte) offen; zum Schutz gegen Verschwörungen und Korruption waren die Amtszeiten von kurzer Dauer, und die Kontinuität der politischen Geschäfte wurde durch eine Verwaltung gewährleistet, der der Zugang zu den Wahlämtern verwehrt war.

Bereits eine Generation nach Salutati geriet das republikanische Ideal in Gefahr. Als die feindliche Familie Albizzi vorübergehend an die Regierung gelangte, hatte sich Cosimo de' Medici für kurze Zeit nach Venedig ins Exil begeben. 1434 kehrte er nach Florenz zurück. Dank seines geschickten, zielstrebigen Vorgehens hielt er bald wieder alle Fäden der Macht in der Hand und stieg hinter der republikanischen Kulisse zum heimlichen Herrscher der Stadt auf. Im Laufe des Jahrhunderts verkam das einst herausragende Amt des Kanzlers zu einem bloßen Titel. Cosimos Enkel, Lorenzo de' Medici, hatte von 1469 bis zu seinem Tod im Jahr 1492 eine fürstengleiche Stellung inne. 1512 brach endgültig das Zeitalter der Medici an, die – von einer kurzen Unterbrechung abgesehen – jahrhundertelang über die Stadt herrschten.

Der italienische Alltag war in hohem Maße christlich geprägt, Atheismus und Agnostizismus waren nahezu unbekannt. Selbst weitverbreitete kirchenfeindliche Äußerungen, wie sie sich z. B. in Boccaccios (1313–1375) »Decamerone« finden, vermochten der christlichen Lehre nicht ernsthaft gefährlich zu werden.

5 Anonym,
*Der Heilige Franziskus entsagt
seinem Erbe*, zwischen 1295
und 1305. Fresko. San
Francesco, Assisi.

Der in achtundzwanzig
Szenen das Leben des
Heiligen Franziskus schil-
dernde Freskenzyklus im
Schiff der Oberkirche von San
Francesco wurde früher
Giotto zugeschrieben. Heut-
zutage gehen die meisten
Wissenschaftler davon aus,
daß die Fresken von einer
ganzen Reihe von Künstlern
angefertigt wurden, die in
Rom, Florenz oder beiden
Städten tätig waren.

In noch größerem Umfang als die Zünfte übernahmen die
Mönchsorden und Bruderschaften religiöse Aufgaben. Die
Reformorden, die eine Rückbesinnung auf die ursprünglichen
Ideale des Mönchtums predigten, allen voran die Augustiner,
Karmeliter, Dominikaner, Franziskaner und Serviten, spielten im
religiösen Leben von Florenz eine wichtige Rolle. Am bedeu-
tendsten waren die Bettelorden der Dominikaner (gegründet
vom Heiligen Dominikus; 1170–1221), deren Hauptkirche Santa
Maria Novella im Westen der Stadt lag, und der Franziskaner-
Orden (gegründet vom Heiligen Franziskus; 1182–1226), deren
Kirche Santa Croce sich im Osten befand. Wie die übrigen
Orden widmeten sich auch die Franziskaner vor allem der
Seelsorge. Sie predigten der wachsenden Bevölkerung, übten sich
in Wohltätigkeit und redeten allzu skrupellosen Geschäftsleuten
ins Gewissen. Der Heilige Franziskus hatte als Sohn eines ver-
mögenden Kaufmanns demonstrativ seine prachtvollen Gewänder abgelegt und auf sein väterliches Erbe verzichtet, um ein
keusches und Gott gefälliges Leben in völliger Armut zu führen.
    Die Laien fanden sich in zahlreichen Bruderschaften zusam-
men, um in der Gemeinschaft ein streng religiöses Leben zu füh-

ren. Sie pflegten Kranke, bestatteten Verstorbene, sangen Lobeshymnen und führten Mysterienspiele auf. Für letztere kam im 15. Jahrhundert die Bezeichnung *sacre rappresentazioni* (heilige Darstellungen) auf. Das Straßenbild von Florenz wurde nachhaltig durch die Bruderschaften geprägt – Religiosität war nicht etwa Privatsache, sondern eine ganz und gar öffentliche Angelegenheit.

Zwei Madonnen und ein Mythos

Giovanni Villani (um 1270–1348) berichtet in seiner Florentiner Chronik, daß am 3. Juli 1292 ein Madonnengemälde plötzlich Wunderheilungen bewirkte. Die hier in Rede stehende Madonna zierte einen Pfeiler der Loggia von Orsanmichele, dem alten Kornspeicher der Stadt. Als die Madonna 1304 einer verheerenden Feuersbrunst zum Opfer fiel, wurde sie – ebenso wie im Jahr 1347 – umgehend ersetzt. Die Kunde von ihrer Wundertätigkeit lockte aus der ganzen Toskana Gläubige herbei, die große Summen für mildtätige Zwecke stifteten. Eine eigens gegründete Bruderschaft verwaltete die Spenden. In den 50er Jahren des 14. Jahrhunderts wurde die wundertätige Madonna mit einem prachtvollen Marmortabernakel umgeben (Abb. 5). Wenig später verlegte man den Kornspeicher, schloß die bogenförmigen Öffnungen der Loggia und weihte das gesamte Gebäude dem Heiligen Michael (San Michele in Orto).

Die knapp zehn Kilometer südwestlich von Florenz gelegene Stadt Impruneta besaß ebenfalls eine wundertätige Muttergottes, die in einem Schrein aufbewahrt wurde. Sie entfaltete ihre heilenden Kräfte nur, wenn man sie in feierlicher Prozession nach Florenz trug und dort, je nach Anlaß, entweder in einer Kirche oder auf der erhöhten Plattform (*ringhiera*) vor dem Palazzo della Signoria zusammen mit anderen Reliquien zur Schau stellte. Die Madonna wurde bei Siegesfeiern gezeigt oder wenn schwierige politische oder diplomatische Entscheidungen getroffen werden mußten. Die Florentiner baten sie in allen nur erdenklichen Angelegenheiten um ihre Hilfe – etwa wenn Dürre herrschte oder der Arno wieder einmal über die Ufer zu treten drohte.

Die Madonnen von Orsanmichele und Impruneta waren berühmt dafür, auf inbrünstige Gebete hin Wunder zu bewirken. Fragen nach der Herkunft, der Ästhetik und den Malern der Madonnenbildnisse schienen weniger interessant.

Religiöse Kunstwerke waren jedoch nicht nur Gegenstand frommer Verehrung, sondern dienten auch dazu, dem Betrachter von der langen Tradition und dem bedeutenden Rang der Stadt zu künden. Dies galt etwa für jene Reliquien, in deren Mitte die Madonna von Impruneta in Florenz zur Schau gestellt wurde. Zur Aufbewahrung diente ein meist aus kostbarem Metall gefertigter Schrein. Reliquien wurden weniger wegen ihrer wundertätigen Kräfte verehrt denn als sichtbare Zeugnisse der florentinischen

6 Andrea Orcagna,
Marientabernakel,
1352–1359. Marmor und
Buntglas. Orsanmichele,
Florenz.

Orcagnas Tabernakel birgt das letzte einer Reihe wundertätiger Marienbilder, das Bernardo Daddi (1312–1348) im Jahr 1347 anfertigte. Die Vorstellung, daß die Heilskraft nach und nach auf neue, nach der Zerstörung des Originals geschaffene Bildnisse überging, beweist, daß man die fraglichen Darstellungen nicht um ihrer selbst willen, sondern vielmehr wegen ihrer religiösen Mittlerfunktion verehrte.

Vergangenheit. Je älter eine Reliquie war und je berühmter die Person, von der sie stammte, als desto wertvoller galt sie. In Florenz wurden die sterblichen Überreste des Heiligen Zenobius, des einstigen Bischofs von Florenz (gest. 423 n. Chr.), in hohen Ehren gehalten. Neben diesem einzigen einheimischen Heiligen erfreuten sich die Reliquien Johannes des Täufers, den die Stadt zu ihrem speziellen Heiligen erkoren hatte, mindestens ebenso großer Verehrung. Die Reliquien als Zeugnisse besonders frommer Menschen zeugten zugleich von der ständigen Erneuerung religiösen Lebens.

Um 1300 zeichnete sich innerhalb Italiens eine Vormachtstellung der Stadt ab. Papst Bonifaz VIII. (1294–1303) soll von Florenz als jener Stadt gesprochen haben, »die die Welt als fünftes Element der Natur nach Erde, Wasser, Luft und Feuer zu regieren scheint«. Diese schmeichelhafte Äußerung wurde natürlich von einem Florentiner überliefert (und womöglich erfunden). Giovanni Villani berichtet, daß er sich unter jenen 200 000 Pilgern befand, die im Jahr 1300 nach Rom zogen, und daß er damals beschlossen habe, eine Chronik zu verfassen, »da unsere Stadt Florenz, Töchterchen und Geschöpf Roms, im Aufsteigen war«. Jahrzehntelang war eine Vielzahl von Schriftstellern damit beschäftigt, den Mythos der Stadt zu festigen, der, vereinfacht ausgedrückt, auf einer dreifachen Basis gründete: auf dem römischen Ursprung der Stadt, ihrer besonderen Stellung im christlichen Weltbild und ihrer kulturellen Vorrangstellung.

Einer Chronik aus dem 13. Jahrhundert zufolge lagen die Anfänge von Florenz bereits in der Zeit der Römischen Republik. Und als im 16. Jahrhundert der Bildhauer Benvenuto Cellini (1500–1571) von einem in Florenz stationierten Hauptmann Julius Caesars abzustammen behauptete, herrschte allgemein die Auffassung, daß man die Stadt als eine römische Gründung anzusehen habe. Die Republik Florenz war seit jeher christlich geprägt. Es gibt zahlreiche Belege dafür, daß sich die Arnostadt als Gesalbte und Auserwählte des Herrn und künftige Stätte christlicher Erneuerung betrachtete, ja man meinte sogar, sie verkörpere das neue Jerusalem. Man war fest davon überzeugt, daß Gott bei der Gründung von Florenz zugegen gewesen sei, sie mit den notwendigen Institutionen des Glaubens versehen habe und durch vermittelnde Instanzen wie etwa die Madonna von Impruneta nach wie vor über ihr Wohlergehen wache.

Die römischen Ursprünge und die christliche Prägung der Stadt dienten insbesondere dazu, die kulturelle Vorrangstellung zu legitimieren. Die toskanische Mundart avancierte in ganz Europa zur Sprache der Gebildeten. Erst im 16. Jahrhundert übernahm das Französische diese Rolle. Die berühmten toskanischen Dichter – Dante Alighieri (1265–1321) mit seiner »Divina Commedia« (um 1315), Giovanni Boccaccio mit seinen lateinischen und in Mundart verfaßten Schriften sowie der Humanist Francesco Petrarca (1304–1374) – trugen ebenso wie die tüchtigen florentinischen Kaufleute, deren Niederlassungen sich über die gesamte damals bekannte Welt erstreckten, ganz entscheidend zu dieser Vorrangstellung bei. Allerdings ist die tatsächliche Herkunft der Schriftsteller unklar. Dante war zweifellos ein gebürtiger Florentiner, auch wenn er zehn Jahre bevor er seine »Göttliche Komödie« zu schreiben begann, für immer aus der Stadt verbannt worden war. Boccaccios Geburtsort könnte Paris oder Certaldo gewesen sein, auf das die Florentiner wie auf die übrigen Städtchen der Toskana voller Geringschätzung herabblickten – er wuchs jedenfalls in Neapel auf, bevor er sich in die Toskana begab. Der in Arezzo geborene Petrarca wiederum verbrachte die meiste Zeit seines Lebens in Frankreich und Norditalien und kam erst mit sechsundvierzig Jahren nach Florenz. Alle drei waren jedoch zumindest durch verwandtschaftliche Beziehungen mit Florenz verbunden, und im späten 14. Jahrhundert suchte die Signoria, der Rat der Stadt, mit allen Mitteln, die sterblichen Überreste der Dichter in ihre »Heimatstadt« zurückzuholen, allerdings ohne Erfolg.

Das prächtige kulturelle Erscheinungsbild von Florenz gestalteten außer den Dichtern auch die bildenden Künstler. Die künstlerische Erneuerung um 1300 wurde vor allem von Rom und Assisi vorangetrieben, doch erklärte bereits Boccaccio einen Florentiner zum wahren Wegbereiter der neuen Kunst, Giotto di Bondone (um 1267–1337), ein Hirtenjunge, erweckte die Malerei in Florenz zu neuem Leben. Von den zahlreichen Werken, die Giotto auf seiner Wanderschaft durch ganz Italien anfertigte, sind leider viele verlorengegangen. Unter den erhaltenen sind an erster Stelle die Fresken in der Arena-Kapelle zu Padua und das berühmte Madonnenbild aus der Kirche Ognissanti (Abb. 6) zu nennen. Der in der Mitte des 16. Jahrhunderts lebende Künstler und Biograph Giorgio Vasari (1511–1574) verhalf Florenz zu seiner jahrhundertelangen künstlerischen Vorrangstellung. Vasari erwähnt als erster den berühmten Maler, Bildhauer und Architekten der Stadt Cimabue (um 1240–1302?), den Giotto jedoch in den Schatten stelle. Den krönenden Abschluß der Entwicklung bildet Michelangelo, der sowohl die Natur als auch die Antike übertreffe und ein Niveau erreiche, mit dem sich kein gewöhnlicher Sterblicher mehr messen könne. Vasaris Botschaft ist deutlich: Ein toskanischer Künstler gilt mehr als ein italienischer und ein florentinischer mehr als ein toskanischer.

7 Giotto di Bondone,
Ognissanti-Madonna,
zwischen 1306 und 1310
(Detail aus Abb. 1). Tempera
auf Holz, 325 x 204 cm.
Uffizien, Florenz.

KAPITEL 1

AUFSTIEG DER STADT

Der Aufstieg von Florenz, so wie ihn Villani beschrieben hat, schildert in treffender Weise den Anblick, der sich dem Besucher von jedem beliebigen Aussichtspunkt am südlichen Ufer des Arno bietet. Die prachtvolle Silhouette der Stadt entstand im Zuge einer ungewöhnlich regen, bereits um 1300 einsetzenden Bautätigkeit. Die berühmte florentinische Kultur basierte ausnahmslos auf diesem steinernen Fundament, das durch die blühende Wirtschaft finanziert wurde. Einen der eindrucksvollsten Blicke auf Florenz gewinnt man von der Terrasse San Miniatos aus (Abb. 8).

Die romanische, überwiegend aus dem 11. Jahrhundert stammende Kirche liegt auf einem Hügel außerhalb der Stadt. Sie ist dem Heiligen Miniato gewidmet, der im vierten Jahrhundert unweit des Arno den Märtyrertod erlitt. Er soll mit dem abgetrennten Haupt in der Hand auf den Hügel hinaufgeflohen sein, wo er schließlich tot zusammenbrach. Jetzt befindet sich an dieser Stelle eine der schönsten Kirchen von Florenz, die mit ihren einfachen geometrischen Formen und Farbkontrasten geradezu rustikal wirkt.

Wer heute von San Miniato auf Florenz hinabblickt, sieht eine über 600 000 Einwohner zählende Stadt mit ausgedehnten Vororten im Osten und Westen (Abb. 9). Im frühen 14. Jahrhundert hatte Florenz zwischen 90 000 und 100 000 Einwohner und war von einem dritten Mauerring umgeben, mit dessen Errichtung um 1284 begonnen und der erst über ein halbes Jahrhundert später vollendet wurde. Jenseits dieses Rings erstreckte sich unmittelbar das Umland (siehe Karte S. 6/7). Wie die meisten alten Städte liegt auch Florenz an einem Fluß. Der Arno, die Lebensader der Stadt, entspringt im Höhenzug des Casentino, der Heimat zahlreicher mittelalterlicher Heiliger. Dort liegt auch das Kloster La Verna, in dem der Heilige Franziskus im Jahr 1224 die Stigmata (die Wundmale des gekreuzigten Christus) empfing.

8 San Miniato al Monte, Florenz. 1013. Fassade, um 1090.

Der Arno lieferte die zur Tuchherstellung notwendige Wasserkraft, erwies sich aber immer wieder als äußerst launenhaft. Im Sommer verwandelte er sich in ein winziges Rinnsal, so daß es zu dieser Jahreszeit unmöglich war, die rund achtzig Kilometer bis an die Küste nach Pisa per Schiff zurückzulegen. Im Herbst und im Frühjahr dagegen schwoll er zu einem reißenden Strom an, der verheerendes Hochwasser mit sich führte.

Die Kornfelder, die für die Versorgung der Stadtbewohner vorgesehen waren, lagen unten im Tal, während an den Hängen Wein und Oliven angebaut wurden. Gegenüber der ländlichen Umgebung von Florenz, die *contado* genannt wird, wirkte die Stadt trotz der hochentwickelten Infrastruktur weithin wie ein Fremdkörper in der von Landwirtschaft und Ackerbau geprägten

9 Florenz, von San Miniato al Monte aus gesehen.

Region. Chroniken und Tagebücher berichten von Engpässen in der Nahrungsmittelversorgung und von gelegentlichen Hungersnöten. Die wirtschaftlichen Beziehungen zwischen der Stadt Florenz und ihrem Umland wurden schon früh einer Regelung unterworfen, und im 15. Jahrhundert führte man das System der *mezzadria* ein, wonach die Ernteerträge je zur Hälfte zwischen dem Grundbesitzer und dem Pächter aufgeteilt wurden.

Florenz war seit jeher von Stadtmauern umgeben, deren dritter Ring auf dem sogenannten »Kettenplan« (der Name rührt von den Ketten her, die die Stadtansicht auf allen vier Seiten umrahmen) aus den 70er Jahren des 15. Jahrhunderts dargestellt ist (Abb. 10). Der rund acht Kilometer lange Mauerring umschloß ein Gebiet von etwas mehr als sechs Quadratkilo-

9 Florenz, von San Miniato al Monte aus gesehen.

metern. Vor den 11 Meter hohen, mit 73 Wehrtürmen und 15 Toren bestückten Mauern, verlief ein Graben und dahinter eine Gasse. Die Errichtung dieses Mauerrings zog sich über viele Jahre hin und verschlang ein Viertel der städtischen Einnahmen.

Dieser große Aufwand diente in erster Linie der Sicherheit der Einwohner. Wohl wurden die meisten Schlachten beziehungsweise kleineren Gefechte auf ländlichem Gebiet ausgetragen, doch war die Gefahr einer Stadtbelagerung deswegen keineswegs gebannt. Neben pragmatischen und strategischen Überlegungen spielten unterschwellig wohl auch ideologische Gründe eine nicht unerhebliche Rolle. Die Mauern umgaben eine planmäßig angelegte, geordnete Welt, in der man sich im Kreis der Familie, der Freunde und Nachbarn an bestimmten Plätzen versammelte, um die traditionellen Feste in der überkommenen Art und Weise zu begehen. Der Ort der Zivilisation wurde durch die Mauern vom kulturlosen Umland abgegrenzt. Das Gebiet innerhalb des Mauerrings erfreute sich der besonderen Gunst Gottes. Die Madonnen- und Heiligenbilder an den Innenseiten der Stadttore sollten jenen sicheres Geleit bieten, die sich hinauswagten. Beim Verlassen der Stadt pflegte man das Tor zu berühren, weil man sich von dieser Geste Glück erhoffte. Diplomatische oder militärische Abordnungen durften die Stadt nur bei einer günstigen Konstellation der Sterne betreten oder verlassen. Abgesehen von den Kaufleuten, die Handelsbeziehungen mit dem Osten unterhielten oder in den Niederlanden Geldge-

10 Anonym, sog. Kettenplan von Florenz, 1470. Holzschnitt, 29 x 44 cm. Uffizien, Florenz.

Diese bald einer geographischen Karte, bald einem Landschaftsgemälde vergleichbare Darstellung nimmt spätere Zeichnungen Leonardos vorweg. Besonders hervorzuheben sind die Stadtmauern sowie die kleine Gestalt rechts vorne im Bild, welche mit großem Eifer das Stadtbild festzuhalten sucht.

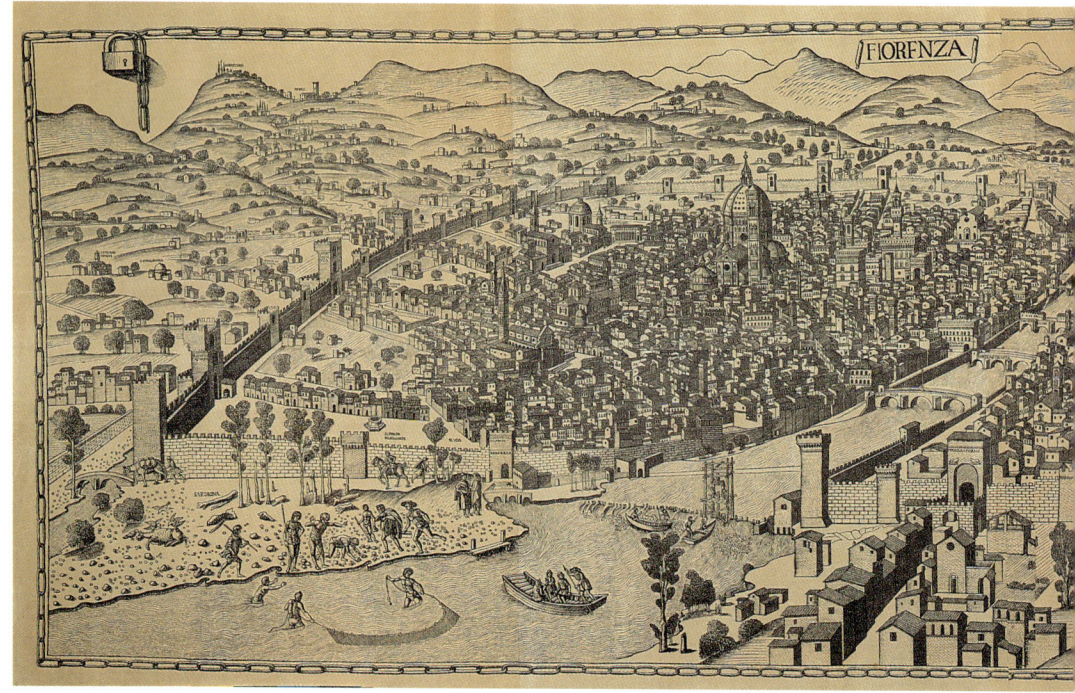

11 Die spätmittelalterlichen Geschlechtertürme von San Gimignano, Toskana.

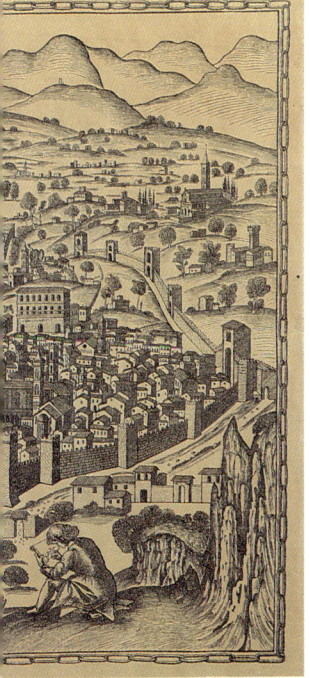

schäfte tätigten, bewegten sich die meisten Florentiner während ihres ganzen Lebens offensichtlich nur in einem Umkreis von höchstens vierundzwanzig Kilometern um ihre Heimatstadt. Die Tore wurden bei Sonnenaufgang geöffnet und bei Sonnenuntergang wieder geschlossen.

Das Bild, das sich heute von San Miniato aus bietet, unterscheidet sich grundlegend von jenem vor siebenhundert Jahren. Von der einstigen Stadtmauer steht nur noch ein kurzes Stück, der Rest wurde in den 60er Jahren des 19. Jahrhunderts geschleift, um einen breiten Boulevard anlegen zu können. Auch einige der zahlreichen Stadttore blieben erhalten. Von einzelnen Gassen abgesehen, erinnert kaum noch etwas an die mittelalterliche Stadt. Der auf den Trümmern des Forum Romanum errichtete *mercato vecchio*, der alte Markt, mußte in den achtziger Jahren des vorigen Jahrhunderts der großzügig angelegten Piazza della Republicca weichen. Straßen wurden begradigt und verbreitert, um dem Stadtzentrum ein offeneres und regelmäßigeres Erscheinungsbild zu geben.

Im Vergleich zu der 1250 einsetzenden Umgestaltung wirken die späteren Eingriffe ins Stadtbild jedoch eher unbedeutend. Das gesamte 13. Jahrhundert steht im Zeichen unablässiger Wirren und Fehden zwischen den mächtigen und alteingesessenen Familien. Etwa ab der Mitte des Jahrhunderts gewann die Partei der Guelfen die Oberhand. Architektonisch schlugen sich die ständigen kriegerischen Auseinandersetzungen in der enor-

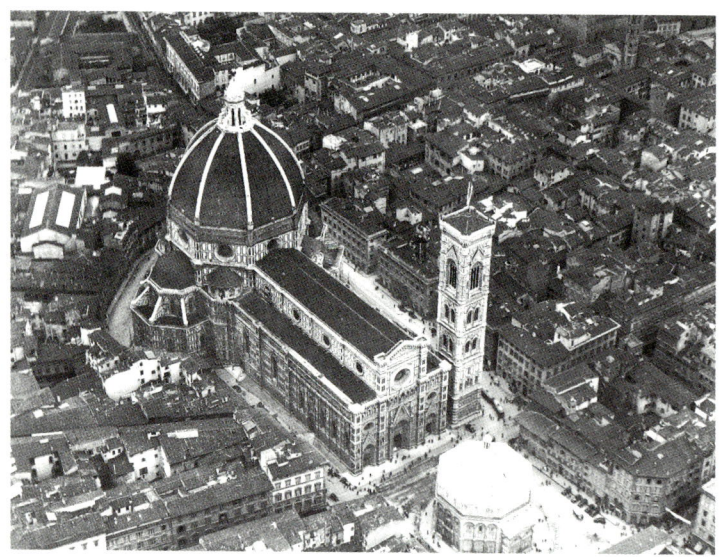

12 Dom, Baptisterium und Campanile, Florenz.

Die unmittelbare Umgebung der Kathedrale erfuhr im Lauf der Zeit manche Umgestaltung: Die Kirche Santa Reparata wurde abgerissen, um Platz für eine neue Kathedrale zu gewinnen (archäologische Ausgrabungen zeugen heute noch von der früheren Kirche). Eine weitere, zwischen Santa Reparata und dem Baptisterium stehende Kirche mußte ebenfalls weichen. Die den Platz säumenden Gebäude hatten nun eine bestimmte Höhe und die den Dom umgebenden *palazzi* eine einheitlich gestaltete Fassade vorzuweisen.

men Anzahl von rund 200 bis zu 60 Meter hohen Geschlechtertürmen nieder. Sie dienten jeweils dem Familienverband, dessen Häuser sich um ihren Fuß drängten, als letzte Zuflucht. Einige inzwischen allerdings verkürzte Geschlechtertürme sind noch erhalten, doch vermittelt die Stadt San Gimignano einen besseren Eindruck davon, wie Florenz einst ausgesehen haben mag (Abb. 11). Bald nach 1250 gelang es, den Wirren Einhalt zu gebieten. Man schleifte die alten Türme und ordnete gleichzeitig an, daß die neuen nicht höher als 27 Meter werden durften. Gleichwohl bot Florenz immer noch das Bild einer dicht besiedelten Stadt.

Baptisterium und Dom

Im geographischen und geistigen Mittelpunkt der Stadt befand sich das von Dante als »il mio bel San Giovanni« titulierte, Johannes dem Täufer geweihte Baptisterium (Abb. 12 und 13). Seit dem frühen Mittelalter verehrte man Johannes den Täufer in Florenz als Stadtheiligen. Das Baptisterium wurde zwischen dem späten 11. und frühen 12. Jahrhundert und somit zeitgleich mit San Miniato errichtet. Es weist ganz ähnliche geometrische Formen und grün-weiße Farbkontraste auf. Obwohl es an der Stelle einer frühchristlichen Taufkirche errichtet wurde, glaubten die Florentiner zunächst, einen römischen Marstempel vor sich zu haben. Bereits im 12. Jahrhundert oblag die Instandhaltung des Gebäudes der *arte di calimala* (ursprünglich die Zunft der Wollweber, später die der Großhändler). Es war durchaus üblich, daß anstelle von Priestern oder Mönchen eine aus Handwerkern oder Gewerbetreibenden bestehende Zunft für die Errichtung

13 Baptisterium, Florenz.
11. und 12. Jahrhundert.

14 Andrea Pisano,
Türflügel mit Szenen aus dem Leben Johannes des Täufers, mit den Kardinaltugenden und den göttlichen
Tugenden, 1330–1336. Bronze. Baptisterium, Florenz.

Bronzetüren waren keine Erfindung der Renaissance. Andere italienische Städte besitzen mittelalterliche
Bronzetüren. Vermutlich wollten die Florentiner mit den Bronzetüren des Doms zu Pisa konkurrieren, als sie
sich für eine derart kostspielige Ausführung entschieden.

und den Unterhalt kirchlicher Gebäude aufkam. Dies gehörte gewissermaßen zur Bürgerpflicht.

Obwohl in der Stadt mehr als fünfzig Pfarrkirchen existierten, pflegten die Florentiner ihre Kinder ausnahmslos im Baptisterium taufen zu lassen. Die Taufe diente sowohl der Aufnahme in die christliche Kirche als auch der in die florentinische Bürgerschaft. Das Portal gegenüber dem Dom zierten seit 1336 die prächtigen Bronzetüren von Andrea Pisano (um 1290–1348), deren Reliefs Szenen aus dem Leben Johannes des Täufers zeigen (Abb. 14). An den traurigen Umstand einer erschreckend hohen Kindersterblichkeit erinnerte das großartige, im 13. und frühen 14. Jahrhundert angefertigte Kuppelmosaik.

Dem Baptisterium gegenüber befindet sich der Dom, die wichtigste Kirche von Florenz. Die Bauarbeiten begannen 1296. Der Dom von Florenz sollte »der schönste und ehrwürdigste in der ganzen Toskana« werden und ganz offensichtlich die entsprechenden Kirchen der mit Florenz rivalisierenden Städte Siena und Pisa in den Schatten stellen. Geplant war, daß der an der Stelle der älteren und wesentlich kleineren Vorgängerkirche Santa Reparata errichtete Dom, für den seit 1412 die Bezeichnung Santa Maria del Fiore belegt ist, die gesamte Stadtbevölkerung fassen sollte (in Wirklichkeit bietet er etwa 30 000 Personen Platz). Der riesige Innenraum diente neben religiösen Feiern allen möglichen Veranstaltungen und Zusammenkünften.

Arnolfo di Cambio (um 1245–1302) war der erste einer langen Reihe von Architekten, die der Dombauhütte vorstanden. Die rund 140jährige Bauzeit prägten Phasen enger Zusammenarbeit, aber auch lebhafter Auseinandersetzungen. Zwischen 1366 und 1367 faßte man den folgenreichen Beschluß, das Langhaus um ein viertes Joch zu verlängern und der Vierung einen oktogonalen Grundriß zu geben, die mit einer Kuppel von rund 42 Meter Durchmesser zu überwölben war. Sie sollte so groß werden wie die Kuppel des Pantheons in Rom, aber wesentlich höher ausfallen.

Am weiteren Verlauf der Bauarbeiten im 14. Jahrhundert ist zum einen bemerkenswert, daß man überhaupt weiterbaute, obwohl sich die Stadt in einer schweren Finanzkrise befand. Außerdem wurde Florenz von der Pest heimgesucht, der 1348 rund die Hälfte der Einwohnerschaft zum Opfer fiel. Trotz der schweren wirtschaftlichen und moralischen Erschütterungen hielten die Florentiner an ihrem Vorhaben fest, zum Ruhme Gottes ein prächtiges Gebäude zu errichten. Zum anderen grenzte es an Tollkühnheit, ohne genauen Plan eine Kuppel errichten zu wollen, die höher als alle existierenden und so breit wie die größte Kuppel der Antike sein sollte. Die mutige Idee hielt man in einem Fresko der Kirche Santa Maria Novella fest. Filippo Brunelleschi (1377–1446), der das Bauvorhaben schließlich ausführen sollte, war damals noch nicht einmal geboren. Die Florentiner waren von grenzenlosem Optimismus und Selbstvertrauen beseelt. Für die nie vollendete Domfassade fertigten Arnolfo di Cambio, Donatello (1386–1466) und Bildhauer, die ein Jahrhundert später arbeiteten, einige Skulpturen an. Die Überdachung des Kirchenraums und die Errichtung eines Campanile waren offensichtlich vorrangig. Letzterer wurde vermutlich zunächst von Giotto nach dem Vorbild des freistehenden, heute als Schiefer Turm bekannten, Glockenturms von Pisa entworfen. Baptisterium, Dom und Campanile sowie deren unmittelbare Umgebung dienten als Richtschnur für die Anlage der Straßenzüge und die einheitliche Gestaltung der Fassaden. Dieses prachtvolle religiöse Zentrum der Stadt war mit den Abgaben der Bürger und somit letztlich mit den Einnahmen aus Bankwesen und Handel finanziert worden.

Der Palazzo della Signoria

Gegen Ende des 13. Jahrhunderts beschloß man in Florenz, wie in anderen toskanischen und umbrischen Städten auch, ein neues Rathaus zu errichten; die Florentiner verfolgten darüber hinaus das Ziel, jenes von Siena zu übertreffen. Der neue Palazzo

15 Piazza della Signoria, Florenz.

della Signoria (Abb. 15) diente gleichzeitig als Verwaltungsgebäude, Ort politischer Versammlungen, Waffenkammer und Residenz der acht Priori oder Zunftvorsteher, die jeweils für zwei Monate die Signoria, das Regierungsorgan der Stadt, bildeten. Der Festungscharakter des Gebäudes wird nur durch einen fast 91 Meter hohen Turm aufgelockert, der die Vormachtstellung der Stadt betonte und dessen Glocken die Bürger zu den öffentlichen Versammlungen riefen.

Die äußere Gestaltung des Palastes war beinahe ebenso wichtig wie das Innere des Gebäudes. Um die Piazza anlegen zu können, riß man kurzerhand die Häuser der aus der Stadt verbannten Familie Uberti ab. Bald nach Fertigstellung des neuen Rathauses ergänzte man dessen Vorderfront durch eine erhöhte Plattform. Hier, auf der *ringhiera*, pflegte man fortan diplomatische Gesandtschaften und berühmte Gäste zu empfangen und dabei genau zu beobachten, ob deren Gesten dem Protokoll entsprachen. Zwischen 1376 und 1382 schuf man mit der gewaltigen, dreijochigen Loggia della Signoria einen noch prächtigeren, überdachten Raum für Festakte und Versammlungen, über denen Reliefs mit Darstellungen der sieben Tugenden wachten. Das Rathaus war der Konstantinsbasilika zu Rom nachempfunden. Florenz als zweites Rom – deutlicher konnte die stolze Stadt ihre Botschaft kaum formulieren.

Das Stadtbild

In Florenz spielte (und spielt) sich das Leben auf der Straße ab: Die Stadtbewohner waren stets zu einer Plauderei oder einem Wortgefecht aufgelegt – ohne Rücksicht auf Standesunterschiede. Als »furbo« – was soviel heißt wie gerissen, schlau – bezeichnet zu werden, galt für einen Florentiner als höchstes Lob. Ein Autor des 20. Jahrhunderts bemerkte halb im Scherz, für einen Florentiner sei Dummheit die größte aller Sünden. Das tägliche Leben stand ganz im Zeichen der Religion. Neben den Sonntagen gab es über vierzig kirchliche Festtage. Der Besuch der Frühmesse bildete den Höhepunkt des Tages. Die Teilnahme am Abendmahl war weniger wichtig als das Beobachten der anderen, der Austausch von Neuigkeiten. Zwar waren nur zwei Prozent der männlichen Einwohner Kleriker, doch verfügten die Franziskaner über einen Tertiarierorden, dessen Laien ebenfalls an das Gelübde der Keuschheit gebunden waren und sich Gebeten und mildtätigen Werken verschrieben. Immer wieder zogen Wanderprediger durch die Stadt, und die Nonnenklöster an den Stadttoren sowie die (im 19. Jahrhundert abgerissenen) Büßerzellen am Ponte alle Grazie waren ein fester Bestandteil des Stadtbildes. Florenz barg rund 1300 Tabernakel, so daß auf Schritt und Tritt ein Andachtsbild zur Hand war. Der wichtigste Feiertag war der 24. Juni, der Namenstag des Stadtpatrons, Johannes des Täufer.

Wie lebte es sich im Florenz der Renaissance? Zeitgenössische Erzählungen (*novelle*) und Tagebücher (*diarii*) wie jenes, das der Apotheker Luca Landucci (gest. 1516) zwischen 1450 und 1516 führte, geben Einblick in das Alltagsleben. Landucci berichtet ausführlich von den Schwankungen der Getreidepreise und dem Fortschreiten verschiedener Bauvorhaben. Genußvoll schildert er alle möglichen Gewalttaten sowie die eilfertige und brutale Bestrafung der Missetäter. Daneben erwähnt er auch Naturereignisse wie Überschwemmungen, Schneestürme und Blitzschlag. Landucci pflegte eine besondere Vorliebe für makabre Dinge wie beispielsweise die Geburt gräßlich entstellter Tiere und Kinder, im Arno treibende Leichen, verzweifelte Selbstmörder und geistesgestörte Schänder von Heiligtümern. Den modernen Leser erinnern die Beschreibungen an die Sensationsgier der heutigen Boulevardpresse; für Landucci zeigte sich Gottes Güte bzw. sein Mißfallen in diesen Begebenheiten.

Die zeittypische Mischung aus Religiosität, Aberglaube und Pragmatismus stand der Entwicklung des Frühkapitalismus nicht entgegen. Die Geldgeschäfte und kaufmännischen Unternehmungen florierten, und man trachtete zunehmend danach, die persönliche Ehre und das Ansehen der Familie in einer immer weltlicheren Gesellschaft zu steigern. All dies führte dazu, daß Tatendrang, Aggressivität und Risikobereitschaft stetig zunahmen, damit einher ging eine Lockerung der Sitten und der Sexualmoral. Dennoch blieb die Stadt traditionellen christlichen Werten und Bräuchen verpflichtet: Dazu zählten vor allem das Gebet, die Kontemplation und ein ausgeprägtes Sündenbewußtsein. Auch wurden nach wie vor Keuschheit, genügsame Haushaltsführung und Selbstlosigkeit propagiert. Aus dem Widerspruch ergaben sich ernsthafte Spannungen, wie von zahlreichen Schriftstellern und Gelehrten bezeugt wird. Niccolò Machiavelli (1469–1527) etwa stellte zu Beginn des 16. Jahrhunderts in seinen »Discorsi sopra la prima decà di Titio Livio« dem römischen Glauben und Lebenswandel den christlichen gegenüber. Während sich die Römer durch ihren Tatendrang, ihren Mut, ihr Selbstbewußtsein und ihr männlich-aggressives Auftreten ausgezeichnet hätten, führten die Christen laut Machiavelli ein kontemplatives, passives, kraftloses und auf Unterordnung angelegtes Leben.

Gelegentlich suchte man traditionelle Glaubensinhalte und neue Verhaltensweisen miteinander zu versöhnen. Man griff auf Wertvorstellungen der griechischen und römischen Antike zurück und übertrug sie auf die zeitgenössische Gesellschaft. Auf diese Weise ergänzte man das christliche Weltbild und hoffte Antworten auf alle Fragen zu finden, die sich im Zusammenhang mit Erwerbstätigkeit und persönlicher Ehre stellten. Die Beschäftigung mit den Gedanken und Bildern einer über tausend Jahre zurückliegenden Epoche übte nachhaltigen Einfluß auf das Leben in Florenz aus.

KAPITEL 2

AUFTRAGGEBER UND KÜNSTLER

16 Taddeo Gaddi,
Szenen aus dem Leben
Mariä, 1328–1334. Fresken
und Altarbild. Baroncelli-
Kapelle, Santa Croce,
Florenz.

Fresko bedeutet, daß die Farben auf den noch feuchten
Putz aufgetragen werden und
mit diesem eine feste Verbindung eingehen. Dieses
Verfahren heißt »buon fresco«
im Gegensatz zum »fresco a
secco«, bei dem die Pigmente
auf einen trockenen Malgrund
aufgebracht werden. Die erste
Methode zeichnet sich durch
eine wesentlich höhere
Beständigkeit aus.

Im Florenz des 15. Jahrhunderts gab es keinen allgemeinen Begriff für künstlerische Hervorbringungen im weiteren Sinne (wie Malerei, Dichtung, Tanz etc.), man kannte noch nicht einmal einen Oberbegriff für die bildende Kunst im engeren Sinne. Die Wörter *arte* und *artista* existierten zwar, allerdings mit unterschiedlicher Bedeutung. Mit *arte* (Kunst) bezeichnete man eine Reihe von Fertigkeiten, die üblicherweise der Herstellung eines bestimmten Produktes dienten. Deshalb bedurfte es stets noch einer Ergänzung wie etwa *arte di lana* – die Kunst der Woll-herstellung. Die Zünfte, die Oberaufsicht über die einzelnen Handwerkszweige ausübend, hießen ebenfalls *arte*. *Artista* hin-gegen durfte sich nur nennen, wer das Studium der *artes liberales*, der Freien Künste absolviert hatte. Von Künstlern im modernen Sinne sprach man stets detaillierter als Maler, Goldschmied, Intarsienkünstler, Bildhauer. Verschiedene Bezeichnungen für das Bildhauerhandwerk belegen, daß man auch innerhalb der einzelnen Berufsbilder weiter differenzierte. Erst im 16. Jahr-hundert wurden allgemeinere Kategorien eingeführt, als etwa Giorgio Vasari den *disegno*, die Entwurfszeichnung (d. h. den Entstehungsprozeß wie das Ergebnis selbst) als gemeinsamen Nenner von Architektur, Skulptur und Malerei auswies. Fortan sprach man von den *arti di disegno*, den Zeichenkünsten.

Selbstverständlich reagierte man auch im Florenz des 15. Jahrhunderts gelegentlich ebenso auf Kunstwerke, wie dies heut-zutage üblich ist: Man fand sie schön und kostbar, sammelte sie um ihrer selbst willen. Gleichzeitig bedeutete den Florentinern Funktionalität mehr als alles andere: Wozu diente ein Kunst-werk? Welche Wirkung entfaltete ein Altarbild in einer Kirche oder ein Fresko in häuslicher Umgebung?

Die florentinische Kunstszene verfügte über staatliche, kirch-liche und private Auftraggeber mit unterschiedlichen Wünschen und finanziellen Möglichkeiten. Es gab Kunstproduzenten, die sich nach Abschluß einer handwerklichen Ausbildung zu berufs-

17 Innenansicht von Santa Croce, Florenz, Baubeginn 1290.

Das Kircheninnere unterscheidet sich heutzutage in einem wesentlichen Punkt von jenem des 14. Jahrhunderts: Santa Croce wurde ursprünglich (wie viele andere Kirchen, darunter Santa Maria Novella und San Marco) inmitten des Kirchenschiffs von einer architektonisch gegliederten Trennwand durchzogen. Dieser als *ponte* oder *tramezzo* bezeichnete Lettner trennte die im Schiff versammelte Laiengemeinde von den im Chor vor dem Hauptaltar zusammenkommenden Priestern. Auf beiden Seiten dieses Lettners wurde an getrennten Altären die Messe gelesen. In der zweiten Hälfte des 16. Jahrhunderts wurden die Lettner entfernt, um die Laien stärker in das liturgische Geschehen einzubeziehen.

ständischen Interessenvertretungen zusammenschlossen. Ihre Arbeiten waren diversen Kontrollen unterworfen. Eine überschaubare Zahl von Kunstschriftstellern – in der Regel ihrerseits selbst maßgebliche Künstler – setzte sich mit der künstlerischen Theorie und Praxis auseinander. Anhand der im folgenden behandelten vier Beispiele sollen die verschiedenen Aspekte des überaus komplexen Mäzenatentums in den Blick genommen werden.

Die Familienkapelle der Baroncelli

Ende des 13. Jahrhunderts wurde die Franziskanerkirche Santa Croce errichtet, um der wachsenden Bevölkerung Platz zu bieten (Abb. 17). Die erforderlichen Mittel stellten neben der Stadt vor allem einzelne angesehene Familien bereit, indem sie die Ausschmückung und Ausstattung von Kapellen übernahmen. Im Ostteil der Kirche befinden sich zu beiden Seiten des Chores eine ganze Reihe solcher von alteingesessenen und mächtigen Familien gestifteter Kapellen. Die betreffenden Familien – wie etwa die Bankierdynastien Bardi und Peruzzi – fühlten sich auf besondere Weise dem Heiligen Franziskus verbunden (Abb. 18). Die den rechten Arm des Querschiffs abschließende Baroncelli-Kapelle spiegelt am ehesten den Originalzustand wider (Abb. 19).

Jede Kirche dient selbstverständlich in erster Linie der Liturgie. Tagaus tagein wurde am Hochaltar die Messe gelesen. Die Patres von Santa Croce pflegten sich noch weitere sieben Male zum Singen von Lobeshymnen und zum Gebet zu versammeln. Der Kirchenkalender sah zahlreiche Festtage zu Ehren Christi und der Jungfrau Maria sowie der Kirchenheiligen vor. Die stetig zunehmende Stiftung privater Messen führte dazu, daß die florentinischen Kirchen mit immer mehr Altären und Kapellen ausgestattet wurden.

Die Baroncelli wollten mit der Kapellenstiftung ihre Frömmigkeit unter Beweis stellen. Sie finanzierten eine Vielzahl kostbarer liturgischer Gerätschaften, die Ausstattung mit Kunstwerken und gaben Grabmäler in Auftrag. Im 12. Jahrhundert setzte sich in der christlichen Kirche die Vorstellung von einem »Zwischenreich« zwischen Himmel und Hölle durch, in dem, wie man glaubte, die Seelen der Verstorbenen für ihre irdischen Sünden büßen und bis zum Tag des Jüngsten Gerichts ausharren mußten. Der Gedanke an das Fegefeuer äußerte sich in Florenz in sehr konkreten Vorstellungen: Die Florentiner waren beispielsweise fest davon überzeugt, mit ihren Vorfahren in Verbindung treten und ihnen durch Totenmessen und Fürbitten helfen zu können. In gewisser Weise fiel der Ruf der Verstorbenen auch auf die Lebenden zurück – in den wohlhabenden Kreisen der Stadt war man gerne bereit, mit finanziellen Mitteln zum Ruhme Gottes und dem der eigenen Familie beizutragen und gleichsam

eine Vorauszahlung auf das persönliche Seelenheil zu leisten. Aus diesen Überlegungen heraus wurden zahlreiche Familienkapellen samt der erforderlichen liturgischen Ausstattung mit Altären, Kruzifixen, Kelchen, Meßgewändern, Altardecken, Meßbüchern, Leuchtern etc. gestiftet. Da es sich hierbei meist um

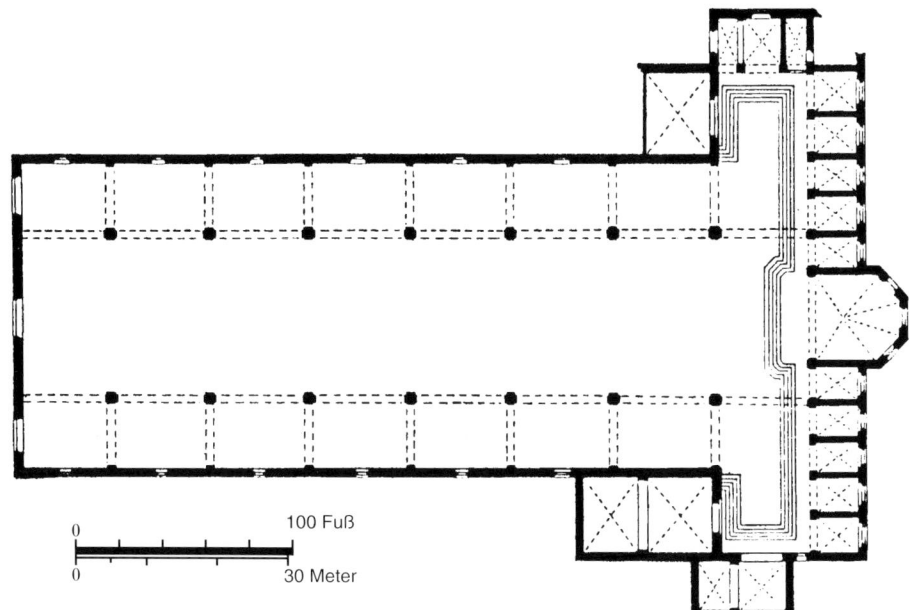

100 Fuß

30 Meter

18 Grundriß von Santa Croce, Florenz, Baubeginn 1290.

tragbare und aus kostbarem Material gearbeitete Gegenstände handelte, sind nur wenige erhalten geblieben.

Darüber hinaus enthielten die Kapellen gewöhnlich Fresken, ein Altargemälde und manchmal, wie im Fall der Baroncelli-Kapelle, auch Grabmäler (Abb. 19). Jede Kapelle war einem oder mehreren Heiligen geweiht, häufig wählte man den Namenspatron des Stifters oder seines Vorfahren. Die Baroncelli-Kapelle ist der Jungfrau Maria geweiht, und die übereinander angeordneten Freskenzyklen an den Wänden schildern dementsprechend Szenen aus deren Leben. Die von Taddeo Gaddi (Schaffenszeit um 1322–1366) aufgemalten illusionistischen Bogenfelder spiegeln den tatsächlichen Kapellenraum wider. Das Altarbild aus der Werkstatt Giottos zeigt die Krönung Mariä inmitten ihres himmlischen Gefolges.

Die Grabmäler dienten nicht nur dazu, das Andenken an einzelne Personen zu pflegen, sondern stellten zugleich auch eine eindringliche Mahnung an alle Lebenden dar, sich mit Gebeten und Messen für das Seelenheil ihrer verstorbenen Vorfahren einzusetzen. Leider existieren zum Bau der Baroncelli-Kapelle keine schriftlichen Aufzeichnungen, doch sprechen alle Anzeichen dafür, daß die Arbeiten zwischen 1328 und 1334 ausgeführt wurden. Neben den Grabmälern gibt es weitere eindeutige Hinweise auf die Identität der Stifter. In der Kapelle findet sich vierzehnmal das Wappen und das Emblem der Baroncelli, außerdem trug das inzwischen entfernte schmiedeeiserne Gitter am Kapelleneingang die Namen von fünf Familienmitgliedern. Die Kapelle zeugte somit von der großen Frömmigkeit der Stifterfamilie und dokumentierte gleichzeitig auf

beeindruckende Weise ihre vornehme Abstammung und ihr gesellschaftliches Ansehen. Wenn eine Florentiner Familie öffentliche Kunstwerke oder Bauten in Auftrag gab, spielten dabei stets mehrere Beweggründe eine Rolle – wenn auch in unterschiedlicher Gewichtung. Man stiftete aus Frömmigkeit, um das Ansehen der Familie zu steigern und aus Freude an schönen Dingen.

Die zweiten Bronzetüren des Baptisteriums

Zwischen 1336 und 1452 wurden für die drei Portale des Baptisteriums prachtvolle zweiflügelige Bronzetüren angefertigt, die zunächst gegenüber vom Dom angebracht wurden, um später neuen Türflügeln zu weichen.

Im Jahr 1336 stellte Andrea Pisano die älteste Tür fertig, deren von Quadraten umschriebenen Vierpaßfelder Szenen aus dem Leben Johannes' des Täufers zeigten. Es war ein Auftrag von allergrößter Bedeutung – wurde doch kein Geringerer als der Stadtheilige geehrt und ein Material verwendet, das rund zehnmal teurer war als Marmor.

1401 beschloß die *arte di calimala*, die Zunft der Großhändler (ursprünglich die Zunft der Wollweber), die auch die erste Tür in Auftrag gegeben hatte, eine zweite in denselben Maßen anfertigen zu lassen. An der Ausschreibung beteiligten sich sieben Bildhauer, darunter Filippo Brunelleschi, der spätere Architekt der Domkuppel, und Lorenzo Ghiberti (1381?–1455). Derartige Wettbewerbe waren auch damals schon durchaus üblich, wenn öffentliche Aufträge zur Vergabe anstanden. Jeder Teilnehmer mußte ein Proberelief vorlegen, dessen Format – ein Vierpaßfeld nach dem Vorbild von Andrea Pisano – ebenso wie das Motiv – die Opferung Isaaks – vorgegeben waren. Offensichtlich sollte die zweite Tür also ursprünglich Szenen aus dem Alten Testament enthalten und nicht, wie dann tatsächlich geschehen, aus dem Neuen.

Von den sieben eingereichten Arbeiten sind lediglich die von Brunelleschi und Ghiberti angefertigten Probereliefs erhalten geblieben (Abb. 20 und 21). Den Kandidaten waren offenkundig genaue (uns leider nicht überlieferte) Details vorgegeben: Beide Reliefs zeigen einen nackten Knaben auf einem in antikisierendem Stil (*all' antica*) gearbeiteten Altar; bei beiden schwebt in einem Segment des Vierpasses ein Engel in der Luft; in beiden sind zwei Diener und ein Esel sowie ähnliche landschaftliche Elemente zu sehen. Brunelleschis sitzender Diener, dessen Pose eindeutig an die berühmte hellenistische Plastik des Dornausziehers erinnert, sowie Ghibertis nackte Isaak-Gestalt, die einem namentlich nicht bekannten antiken Torso nachempfunden war, lassen vermuten, daß die Kandidaten Vorstellungen antiker Kunstwerke einarbeiten sollten.

Ghiberti erhielt den Zuschlag, die näheren Umstände sind allerdings nicht bekannt. In seinen ein halbes Jahrhundert später verfaßten »Commentarii« behauptet Ghiberti, einen glatten Sieg davongetragen zu haben, wohingegen der Biographie Brunelleschis aus den 80er Jahren des 15. Jahrhunderts zufolge der Wettstreit mit einem Unentschieden endete. Dieser Biographie ist zu entnehmen, daß sich Brunelleschi daraufhin lieber nach Rom begab, um antike Ruinen zu studieren, als sich den Auftrag mit Ghiberti zu teilen. Die Entscheidung muß jedenfalls gegen Ende des Jahres 1401 gefällt worden sein, denn im März 1402 erhielt Ghiberti bereits den Vertrag ausgehändigt.

Die Beratungen galten angesichts der sich deutlich voneinander unterscheidenden Reliefs vermutlich Fragen der Form und des Stils. In Brunelleschis betont realistischer Darstellung steht Abraham im Begriff, sein Messer in die schmächtige Kehle seines Sohnes zu stoßen. Ghibertis Arbeit wirkt weniger brutal. Die anmutige Beugung von Abrahams Gestalt spiegelt sich im Faltenwurf und in der Haltung Isaaks wider. Beide Gestalten scheinen förmlich zu schweben und deuten keineswegs auf eine bevorstehende Gewalttat hin.

Daneben dürften noch andere Überlegungen ausschlaggebend gewesen sein. Während Brunelleschis Proberelief aus einer ganzen Reihe von Einzelstücken zusammengesetzt war, erforderte Ghibertis Arbeit lediglich zwei getrennte Gießvorgänge und zwei Drittel weniger Bronze. Auf die Materialkosten für die ganze Tür umgerechnet, bedeutete dies eine stattliche Kostenersparnis. Möglicherweise spielten also auch handfeste finanzielle Gründe eine nicht unerhebliche Rolle. Es ist jedenfalls bekannt, daß Materialfragen und technische Detailerwägungen für die Florentiner Künstler und ihre Auftraggeber insgesamt von größter Bedeutung waren.

Die Auftraggeber und Architekten von San Lorenzo

Um 1420 ist in der Baugeschichte von San Lorenzo eine bedeutende Zäsur festzustellen, als nämlich auf Betreiben von Giovanni di Bicci de' Medici (1360–1429) der Beschluß gefaßt wurde, dessen bestehende romanische

Pfarrkirche durch einen größeren Neubau zu ersetzen. Solche Entscheidungen wurden in Anbetracht der erforderlichen Gelder und der politischen Schachzüge, derer es bedurfte, um den Abriß der im Wege stehenden Häuser durchzusetzen, keineswegs leichtfertig gefällt. Die Medici erklärten sich bereit, die Kosten für eine neue, nahezu freistehende Sakristei und für eine Doppelkapelle am Ende des linken Querhauses zu übernehmen, sofern andere Familien die Querschiffkapellen finanzierten.

Sämtliche Abhandlungen nennen als Architekten von San Lorenzo Filippo Brunelleschi. Die alte Sakristei (Sagrestia Vecchia), unter deren Kuppel Giovanni di Bicci de' Medici und seine Gemahlin begraben liegen, trägt unverkennbar die Handschrift Brunelleschis (Abb. 22). Die klaren Proportionen, die glatten Oberflächen, in denen weißer Stuck und italienischer grauer Sandstein (*pietra serena*) in linearen Mustern gegeneinander abgesetzt sind, sowie der quadratische Kubus, über dem eine Schirmkuppel förmlich zu schweben scheint, verschmelzen zu einer Einheit, in der sich erstmals das neue architektonische Konzept ausdrückt.

In welchem Maße Brunelleschi am Bau der eigentlichen Kirche beteiligt war, läßt sich nicht mehr eindeutig klären (Abb. 23). Man geht davon aus, daß das linke Querhaus von ihm stammt, der zentrale Baukörper jedoch erst nach seinem Tod entstand. Doch es gibt auch Anzeichen dafür, daß Brunelleschi das Projekt bereits im Jahr 1428 aufgab (er starb 1446) und daß die Bauarbeiten in den 30er Jahren des 15. Jahrhunderts unterbrochen wurden, um 1442 unter anderen Architekten und alleiniger Finanzierung durch Cosimo de' Medici fortgesetzt zu werden.

Die Baugeschichte von San Lorenzo erwies sich als ein langwieriger und problematischer Prozeß. Das 15. Jahrhundert kannte kein fest umrissenes Berufsbild eines Architekten und keine Architekten im modernen Sinne. Bis hin zu Andrea Palladio (1518–1580) absolvierten fast alle Künstler, die später Gebäude entwarfen, zunächst eine andere Ausbildung – Brunelleschi beispielsweise war gelernter Goldschmied. Während Brunelleschi direkt an den Bauarbeiten mitwirkte, begnügten sich andere, wie etwa Alberti, damit, Gebäude zu entwerfen und ihre Bauwerke anschließend von Steinmetzen ausführen zu lassen. Erstaunlicherweise hatte der Auftraggeber oft mehr Anteil am Konzept als der »Architekt«. All dies deutet auf eine Dichotomie zwischen Entwurf und Ausführung hin: Nach einer ordentlichen Lehre vermochte jedermann einen Stein zu behauen – um die Fassade zu konzipieren, in die der betreffende Stein integriert werden sollte, war jedoch eine auch theoretisch fundierte Bildung notwendig.

Nicht einmal einem Künstler wie Brunelleschi, der ebensogut zu entwerfen wie zu bauen verstand, gelang es, alle Bauvorhaben nach seinen Plänen zu Ende zu führen. An den meisten Kirchen

zogen sich die Arbeiten über lange Jahre hin, so daß der Baumeister nicht selten zwischenzeitlich verstarb. Bei der Umsetzung der Pläne schlichen sich gelegentlich Fehler ein, und der nachfolgende Architekt oder Auftraggeber nahm häufig einschneidende Änderungen vor. Derartige Probleme betrafen auch Brunelleschis Bauprojekte San Lorenzo und Santo Spirito. Man sollte daher weniger nach dem Architekten von San Lorenzo fragen, als vielmehr danach, welche Personen an dem langwie-

23 **Filippo Brunelleschi**, Mittelschiff von San Lorenzo, Florenz, 1421–1428;
nach 1442 wurde der Bau unter anderer Leitung fortgesetzt.

rigen Bauvorhaben mitwirkten, welche Absichten sie verfolgten und welche willkürlichen oder zufälligen Änderungen sich ergaben. Kaum ein Bauwerk des 15. Jahrhunderts wurde dem ursprünglichen Entwurf gemäß auch tatsächlich realisiert. Auch hier führte eine manchmal durchaus konfliktreiche Zusammenarbeit zum Erfolg.

Auftrag für einen Altartabernakel

In der Kirche Santissima Annunziata befand sich ein angeblich wundertätiges Bildnis – ein Verkündigungsbild, das der Überlieferung zufolge von einem Engel vollendet wurde, in Wirklichkeit aber doch eher von einem gewöhnlichen Sterblichen aus dem 14. Jahrhundert stammen dürfte. Ebenso wie die Madonna von Orsanmichele sprach man auch diesem Kunstwerk heilende Kräfte zu. Im Laufe der Jahre erfüllten Tausende von Besuchern ihre Gelübde, indem sie als Dank für erhörte Gebete Votivtafeln stifteten (die Ton- oder Silberreliefs stellen meist den geheilten Körperteil dar oder bilden die ganze Person des Stifters in Wachs und Tuch ab, wie jene Votivtafel, die Lorenzo de' Medici anfertigen ließ, nachdem er den Mordanschlag der Pazzi-Verschwörung im Jahr 1478 überlebt hatte). Anfangs ordnete man die Votivtafeln rund um das Verkündigungsbild an, dann eroberten sie den gesamten Kirchenraum und hingen schließlich überall von der Decke herab, bis man aus Platzmangel von dem Brauch Abstand nahm. Das Bild galt in Florenz als so bedeutend, daß jeder hohe Besuch bei seiner Ankunft zuerst zur Kirche Santissima Annunziata geleitet wurde, um dort die eigens enthüllte Verkündigungsszene anzusehen. Erst danach erhielten die Gäste Gelegenheit, ihre Beglaubigungsschreiben zu präsentieren oder ihren Geschäften nachzugehen.

Die Medici nutzten die Popularität des Bildes geschickt für ihre eigenen Interessen. Dies kommt in jenem stattlichen Marmortabernakel zum Ausdruck, mit dem Michelozzo di Bartolomeo (1396–1472), unterstützt von Pagno di Lapo, das Gemälde im Jahr 1448 im Auftrag von Cosimo de' Medicis Sohn Piero (1418–1469) umgab (Abb. 24). Der Verkündigungstabernakel kombiniert auf gelungene Weise Marmor und Metall, das kunstvoll gearbeitete Gebälk und Gesims ruht auf vier korinthischen Säulen. Die Architektur erdrückt das Gnadenbild regelrecht und bindet es in das Gehäuse ein. Obgleich Piero nur an wenigen Stellen das Emblem der Medici anbringen ließ, war allen Zeitgenossen bewußt, wer für die dreißig Silberleuchten aufgekommen war, die den Schrein erhellten, und weshalb eine Inschrift in großen Lettern verkündete COSTO FIORINI 4000 EL MARMO (der Marmor kostete 4000 Florin). Piero de' Medici war zweifellos fromm, doch wußte er die Madonna aus dem Verkündigungsbild geschickt mit seiner Familie in Verbindung

zu bringen und auf diese Weise deren Ansehen zu steigern und ihre politische Stellung zu festigen. Die Grenzen zwischen religiöser und weltlicher Sphäre verwischten zusehends, bis in der Mitte des 16. Jahrhunderts anläßlich des Konzils von Trient die christliche Lehre klar und systematisch formuliert wurde.

Ausbildung und Stellung des Künstlers

Künstlerisches Arbeiten, das damals mit den speziellen Fertigkeiten eines Malers, Goldschmieds usw. gleichgesetzt wurde, galt als ein Handwerk unter vielen. Ein fähiger Künstler wurde man nach damaliger Auffassung durch eine jahrelange gründliche Ausbildung und nicht etwa durch die Förderung einer speziellen Begabung. Die meisten Künstler wurden in eine Künstlerfamilie hineingeboren – anderenfalls behauptete man, mit berühmten Künstlern verwandt zu sein. Der Florentiner Cennino Cennini (um 1370 – um 1440) schrieb um 1400 unter dem Titel Il Libro dell' Arte eine Abhandlung über Malerei. Glaubt man der eingangs geschilderten künstlerischen Genealogie, so stammte er von Agnolo Gaddi (um 1333–1396) und letztlich von Giotto ab, als dessen Erbe er sich verstand.

Irgendwann im Alter zwischen sieben und fünfzehn pflegte man die Jungen bei einem Meister in die Lehre zu geben, die normalerweise mindestens fünf Jahre dauerte. In der *bottega*, der Werkstatt des Meisters, wurden dem Lehrling zunächst einfache Arbeiten wie das Kehren der Werkstatt oder das Zerstoßen der Pigmente übertragen. Daneben übte er sich unter Anleitung des Meisters im Zeichnen. Nach und nach erlernte er alle notwendigen praktischen Fertigkeiten: wie man einen hölzernen Untergrund mit einer Gipsgrundierung (*gesso*) versah, auf die anschließend die Pigmente aufgetragen wurden; wie man vergoldete und wie man mit Hilfe von Stanzwerkzeugen Heiligenscheinen dekorative Muster beibrachte. Schließlich durfte der Lehrling dem Meister bei der Anfertigung eines Kunstwerks assistieren, wobei sich seine Mitwirkung anfangs auf weniger anspruchsvolle Arbeitsschritte wie das Malen von Gewändern beschränkte. Ein Junge, der es zu etwas bringen wollte, mußte laut Cennini sieben Tage in der Woche mit allergrößtem Eifer arbeiten.

Nach Abschluß seiner Ausbildung wurde der Künstler mit einem feierlichen Zeremoniell in die zuständige Zunft aufgenommen und erhielt somit die offizielle Bestätigung seiner erworbenen Fähigkeiten. Maler gehörten der Zunft der Apotheker an, Bildhauer der Zunft der Steinmetze und Goldschmiede der Seidenhändlerzunft. Ab dem 14. Jahrhundert schlossen sich die Maler zu einer eigenen Bruderschaft, der Lukasgilde, zusammen. Sie wählten den Evangelisten Lukas zu ihrem Schutzpatron, weil er der Überlieferung zufolge das erste Madonnenbild gemalt haben soll.

24 Michelozzo di Bartolomeo, unter Mitwirkung von **Pagno di Lapo** Tabernakel, 1448. Marmor und Bronze. Santissima Annunziata, Florenz.

Ursprünglich handelte es sich um einen einfachen, monumentalen Tabernakel, der später barock überformt wurde.

Im allgemeinen trat der junge Künstler nach seiner Lehrzeit anschließend in die Werkstatt eines alteingesessenen Meisters ein. Paolo Uccello (1397–1475) beispielsweise arbeitete zunächst unter Ghiberti. Werkstatt war nicht gleich Werkstatt: Während manche sehr stark spezialisiert waren, etwa auf das Bemalen von Hochzeitstruhen, und andere sich einer einzigen Kunstgattung, beispielsweise der Malerei, verschrieben hatten, führten große Werkstätten alle erdenklichen Aufträge aus. Jene Werkstatt, die Andrea del Verrocchio (1435–1488) von den späten 60er bis in die frühen 80er Jahre des 15. Jahrhunderts hinein in Florenz betrieb, gestaltete Skulpturen und Gemälde, realisierte kleinere Bauvorhaben, stellte Bronze zum Glockengießen her, bemalte Turnierbanner und wagte sich daran, für die Laterne von Brunelleschis Kuppel des Doms eine riesige vergoldete Kugel anzufertigten. Der herausragende Künstler innerhalb der Werkstatt war Leonardo da Vinci. Ohne die breit angelegte Ausbildung, die er bei Verrocchio erhielt, hätte da Vinci trotz seiner genialen Begabungen vielleicht einen anderen Weg eingeschlagen. Verrocchios Zeitgenosse Antonio del Pollaiuolo (um 1432–1498) stand einer ähnlich vielseitigen Werkstatt vor, in welcher neben Skulpturen, Gemälden und Drucken liturgisches Gerät und brokatene Meßgewänder angefertigt sowie dem häuslichen Gebrauch dienende Goldschmiedearbeiten ausgeführt wurden.

Es war nicht immer einfach, Aufträge zu erhalten. Künstler wurden nicht auf Dauer verpflichtet, obwohl öffentliche und private Auftraggeber durchaus ihre Favoriten hatten. Doch selbst wer die besondere Gunst eines Auftraggebers erworben hatte, konnte sich nicht darauf verlassen, wie das Beispiel von Brunelleschi zeigt, der in seiner Eigenschaft als Architekt von Cosimo de'Medici kurzerhand von Michelozzo di Bartolomeo abgelöst wurde. Die Künstler mußten selbst auf sich aufmerksam machen, etwa durch einschmeichelnde Werbebriefe an potentielle Auftraggeber oder durch die Teilnahme an Wettbewerben. Obwohl das florentinische Kunstleben ganz im Zeichen des Wettbewerbs stand, fanden sich doch immer wieder Künstler zu gemeinsamer Arbeit zusammen, z. B. Michelozzo und Ghiberti oder etwas später Michelozzo und Donatello. Auf einem bescheideneren Niveau verband sich vielleicht auch ein Töpfer mit einem Maler, der seine Terrakotta kolorierte, oder ein Bildhauer ersuchte einen Kollegen, einen Tabernakel für eine Madonnenfigur zu schaffen.

Im 14. Jahrhundert bildeten sich Ansätze zu einem freien Kunstmarkt heraus, der sich jedoch zunächst auf alltägliche Gebrauchsgegenstände von durchschnittlicher Qualität und mäßigem Preis beschränkte. Die im 15. Jahrhundert aufkommenden Kunsthändler betrieben ihr Gewerbe für gewöhnlich über die Landesgrenzen hinweg: Wurde beispielsweise ein Wandbehang mit Jagdszenen gesucht, wandten sie sich an einen Mittelsmann in der Teppichstadt Brügge.

Kunst entstand fast ausschließlich als Auftragsarbeit, wobei Auftraggeber und Künstler in der Regel durch einen schriftlichen Vertrag gebunden waren. Das anzufertigende Objekt wurde darin – wenn überhaupt – nur ganz knapp und oberflächlich beschrieben. Meist bezog man sich auf ein reales Vorbild, eine frühere Arbeit desselben oder auch eines anderen Künstlers und konnte daher auf eine umständliche und notwendigerweise mißverständliche schriftliche Beschreibung verzichten. Oder man fügte eine mehr oder weniger gründlich ausgearbeitete Skizze bei. Aus diesen Zeichnungen, von denen allerdings nur wenige erhalten sind, war klar ersichtlich, wie das gewünschte Werk aussehen und welche Bestandteile es enthalten sollte.

Weitere wichtige Vertragspunkte waren Preis, Zahlungsweise, Lieferfrist, Qualität des Materials und eine Festlegung, inwieweit Helfer zur Fertigstellung herangezogen werden durften (die Vereinbarung konnte beispielsweise eine Bestimmung enthalten, wonach Köpfe ausschließlich von Meisterhand zu fertigen waren). Zahllose Belege dokumentieren, wie ungehalten die Auftraggeber reagierten und welche Sanktionen sie anwandten, wenn die Vereinbarungen oder Erwartungen nicht erfüllt wurden. Letztlich hatte ein Künstler, der aufgrund seines guten Rufes eine monopolartige Stellung auf einem bestimmten Gebiet besaß, seine Kunden buchstäblich in der Hand.

Der Auftraggeber erwartete, ein kalkulierbares Produkt geliefert zu bekommen. Handwerkliche Fertigkeit war eher gefragt als überdurchschnittliche Begabung oder persönliche Eigenart. Das Hauptaugenmerk der Florentiner galt dem handwerklichen Können und der Qualität sowie dem Maßstäbe setzenden Wettbewerb. Was die heutzutage beliebte Gegenüberstellung von gotischer Kunst einerseits und Renaissancekunst andererseits angeht, zeigt der ausgeschriebene Wettbewerb für die Baptisteriumstüren, daß man im damaligen Florenz derart abstrakten Kriterien keine weitere Beachtung schenkte. Kein noch so gebildeter Florentiner hätte um das Jahr 1400 mit dem Begriff gotische Kunst etwas anzufangen gewußt. Da die Bezeichnungen »Gotik« und »Renaissance« in der modernen Literatur aber allgegenwärtig sind, werden sie in der vorliegenden Arbeit dennoch gelegentlich Anwendung finden.

KAPITEL 3

DIE SPRECHENDEN STATUEN

I m Jahr 1325 fand man in Siena die römische Kopie einer im vierten Jahrhundert v. Chr. von dem griechischen Bildhauer Lysippos angefertigten Venus und stellte sie voller Stolz auf dem Marktbrunnen zur Schau. Bald setzte sich jedoch die Auffassung durch, daß die Statue Unheil bringe. Also entfernten die Sienesen die Venus wieder, schlugen sie in Stücke und vergruben sie auf dem Territorium des Erzfeindes Florenz. Diese von Ghiberti geschilderte und in Sieneser Schriftstücken erwähnte Begebenheit zeugt von dem uralten Glauben, wonach Skulpturen halb Fleisch, halb Stein sind, magische Kräfte besitzen und sowohl Gutes als auch Schlechtes bewirken können.

»Sprechende Statuen« waren für die damalige Zeit etwas vollkommen Alltägliches. Petrarca spricht in der Mitte des 14. Jahrhunderts von »atmenden Statuen«, denen »lediglich die Stimme fehlt«. In Rom begannen gegen Ende des 15. Jahrhunderts angeblich einige Fragmente antiker Skulpturen Rede und Antwort zu stehen. Einige Jahrzehnte später hielt ein Florentiner Schriftsteller, der einen auswärtigen Gast durch Florenz führte, vor Orsanmichele an, um mit Donatellos *Heiligem Georg* Zwiesprache zu halten. In der Zeit zwischen 1410 und 1425 setzte sich in Florenz eine neue Form der Gestaltung öffentlicher Skulpturen durch. Man legte fortan besonderen Wert auf ein ansprechendes Äußeres und eine starke psychologische Ausstrahlung – zwischen den Skulpturen und ihren Betrachtern sollte sich ein »Dialog« entwickeln. Die Statuen schienen förmlich aus der Enge jener Nischen ausbrechen zu wollen, in die ihre Vorgänger in den Fassaden gotischer Kathedralen eingezwängt worden waren. Diese völlig neuartige Auffassung von der Skulptur nimmt spätere vergleichbare Entwicklungen in Architektur und Malerei vorweg und kündet eindeutig vom Anbruch einer neuen Epoche in der florentinischen Kunst.

Zeugnisse dieser innovativen Bildhauerkunst finden sich an drei zentralen Orten: an der Domfassade, dem benachbarten

25 Lorenzo Ghiberti,
Heiliger Matthäus,
1419–1422. Bronze, 270 cm
hoch. Orsanmichele, Florenz.

Campanile und an der etwa auf halbem Wege zwischen Dom
und Palazzo della Signoria gelegenen Kirche Orsanmichele
(Abb. 26). Anders als am Campanile befinden sich die überlebensgroßen Statuen von Orsanmichele nur wenig über Augen-
höhe und sind daher viel stärker in das Geschehen auf der Straße
einbezogen.

Orsanmichele

Orsanmichele bildete eine der wichtigsten Schnittstellen zwischen Gewerbe und Religion in Florenz. Mit dem heutigen Bau wurde 1337 begonnen, und bereits die ersten Pläne sahen vor, daß die Nischen der Außenfassade von den Zünften mit Statuen ihrer jeweiligen Schutzpatrone ausgestattet werden sollten. Um 1400 waren jedoch erst drei Zünfte ihrer Verpflichtung nachgekommen. 1406, im Jahr der turbulenten Einnahme von Pisa, beschloß man erneut, das Vorhaben innerhalb eines Jahrzehnts zu realisieren, und zwar nicht nur um der Zünfte willen, sondern »zum Ruhme des Gemeinwesens«.

Religiosität und Geschäftstüchtigkeit waren in Florenz auf das engste miteinander verbunden. Als die Nischen schließlich mit Statuen gefüllt waren, konnten auswärtige Besucher an den darüber befestigten Abzeichen der Zünfte sowohl deren bemerkenswerten Unternehmergeist als auch die ökonomische Infrastruktur der Stadt erkennen. Das florentinische Zunftwesen war im frühneuzeitlichen Europa einzigartig. Orsanmichele wurde als sichtbarer Beweis dafür angesehen, daß Florenz sich der besonderen Gunst Gottes erfreute. Die Nischenfiguren bewachten die Madonna im Inneren der Kirche, welche ihrerseits den Gläubigen Schutz gewährte und den Armen Almosen zukommen ließ.

Die kurz nach 1400 angefertigten Statuen weisen beachtliche stilistische Unterschiede auf. Lorenzo Ghiberti schuf drei aus kostbarer Bronze gearbeitete Statuen, die von den Großen Zünften (ihnen allein stand das edle Material zu) in Auftrag gegeben worden waren. Daraus ließe sich schließen, daß Ghiberti als herausragender Bildhauer seiner Zeit galt. Dies mag durchaus eine Zeitlang der Fall gewesen sein; allerdings ist zu bedenken, daß Ghiberti dank seiner Bronzearbeiten wie dem Proberelief und der ersten Baptisteriumstür vorübergehend eine monopolartige Stellung auf diesem Gebiet innehatte. Während Ghiberti zwischen 1412 und 1422 mit der Herstellung zweier Bronzefiguren beschäftigt war, gestaltete Donatello zwei bemerkenswerte Marmorstatuen, deren Einfluß auf Ghibertis Bronzefigur des *Heiligen Matthäus* mit seiner monumentalen, eher klassischen Formgebung unverkennbar ist. In den frühen 20er Jahren des 15. Jahrhunderts nahm Donatello sich seinerseits Ghiberti zum Vorbild und fertigte seine erste Bronzeskulptur. Beide Künstler konkurrierten miteinander und lernten voneinander, und es gibt nicht den geringsten Anhaltspunkt dafür, daß sie von ihren Zeitgenossen unterschiedlichen stilistischen Kategorien zugeordnet worden wären.

Jener *Johannes der Täufer*, den Lorenzo Ghiberti im Auftrag der *arte di calimala* schuf, verkörpert – auch wenn er nicht den Auftakt zu der Figurenreihe bildete – die damalige florentinische Kunst in idealer Weise (Abb. 27). Die Statue wird auf 1414 datiert, in diesem Jahr wurde das Gußmodell fertiggestellt. Ghiberti galt zwar bereits als erfahrener Bronzegießer, doch brachten die überlebensgroßen Dimensionen neue technische Probleme mit sich. Daß Ghiberti laut Vertrag für die finanziellen Folgen haften mußte, falls der Guß fehlschlüge, deutet darauf hin, daß die Zunftmeister Zweifel am Gelingen hegten. Durchaus zu Recht, denn es kommt bei dem komplizierten Gießvorgang darauf an, das geschmolzene Metall zwischen dem Skulpturenmodell und der äußeren Umhüllung gleichmäßig zu verteilen.

Die stilistischen Erwartungen der Auftraggeber dürften zur Zufriedenheit erfüllt worden sein, gilt doch ein lieblicher und üppiger, in komplementären Kurven verlaufender Faltenwurf als typisches Kennzeichen florentinischer »Spätgotik«. Dies trifft insbesondere auf die ersten Reliefs zu, die Ghiberti für die Baptisteriumstür anfertigte. Trotz seiner Größe ist Ghibertis *Johannes der Täufer* alles andere als monumental, da sich unter den sichelförmigen Gewandfalten nur andeutungsweise körperliche Formen abzeichnen; sein Antlitz wirkt maskenhaft, Haar- und Barttracht ahmen den Faltenwurf des Gewandes nach. Die Gestalt scheint wie erstarrt und – infolge des gleichmäßig auf beiden Beinen ruhenden Gewichts – zu keinerlei Bewegung fähig; die schlaff, beinahe kraftlos herabhängenden Hände künden ebenfalls von Stagnation. Um keinen negativen Eindruck entstehen zu lassen, wurde allergrößte Sorgfalt auf die stilistische Ausarbeitung gelegt. Nichts deutet überdies darauf hin, daß die Statue von der Bevölkerung abgelehnt worden war.

Der *Evangelist Markus*, den Donatello für die Leinenweberzunft, die *arte di linaiuoli*, anfertigte (Abb. 28) – daher das Kissen, auf welchem der Heilige steht –, wurde vermutlich vor Ghibertis *Johannes der Täufer* begonnen. Bereits im Jahr 1409 erwarb die Zunft einen Marmorblock, und ab Februar 1411 hielt man nach einem geeigneten Bildhauer Ausschau. Die Wahl fiel auf Donatello, der den vereinbarten Liefertermin – November 1412 – um ganze sechs Monate überschritt. Einen zeitlichen Bezug zwischen Donatellos und Ghibertis Statuen herstellen zu wollen,

27 Lorenzo Ghiberti,
Heiliger Johannes der Täufer, zwischen 1412 und 1416 (die Statue trägt das Datum 1414). Bronze, 255 cm hoch. Orsanmichele, Florenz.

28 Donatello,
Evangelist Markus,
1411–1413. Marmor, 236 cm
hoch. Orsanmichele, Florenz.

Diese Statue übte nach-
haltigen Einfluß auf die
weitere Entwicklung der
florentinischen Skulptur aus.
Michelangelo wird eine
Äußerung zugeschrieben,
wonach man dem Evange-
listen Markus, falls er in der
Tat so ausgesehen habe,
jedes einzelne Wort glauben
müsse.

erübrigt sich, da angesichts der völlig unterschiedlichen Kunst-auffassungen eine wie auch immer geartete gegenseitige Beein-flussung auszuschließen ist.

Die Zunft der Leinenweberzunft erhielt statt der vermutlich erwarteten Skulptur im Stile Ghibertis eine vollkommen neuartige Statue, die den Betrachter auf eine Art und Weise ansprach, wie dies seit Jahrhunderten kein Kunstwerk mehr vermocht hatte. Das ausschließlich auf dem rechten Bein ruhende Körpergewicht, das gekippte Becken und der schräge Schultergürtel, die durch eine leichte Drehung des Rumpfes und des Kopfes ausgeglichen werden, vermitteln den Eindruck von Bewegung. Anders als bei Ghiberti ist der kunstvoll gearbeitete Faltenwurf nicht nur Dekoration. Unter Markus' Gewand zeichnet sich vielmehr deutlich der Körper ab. Sein rechtes Bein – das Standbein – ist von steifen, an die Kannelierung einer Säule erinnernden Falten umgeben, während das Spielbein in schlichtere, weicher fallende Falten gehüllt ist. Das ganze Gewand läßt die einzelnen Körperpartien und Muskeln erahnen. Der lebendigen schwungvollen Haltung entspricht das ausge-sprochen energische Auftreten. Mit gerunzelter Stirn blickt Markus unverwandt auf die vorbeigehenden Menschen herab und fixiert sie mit seinen tiefliegenden Augen. Auch seine Hände wirken zupackend. Zeitgenössische Urteile sind leider nicht überliefert.

Während für den modernen Betrachter der Kontrast zwischen Ghiberti und Donatello die entscheidende Wende von der Gotik zur Renaissance kennzeichnet, verfügte man damals über keine derart abstrakten Kategorien. Man begnügte sich vielfach damit, die außergewöhnlichen, wenn auch vollkommen unterschied-lichen Leistungen Ghibertis und Donatellos zu rühmen, ohne die Unterschiede qualitativ zu bewerten. Alberti zählt in seiner 1435 verfaßten Abhandlung über die Malerei sowohl Ghiberti als auch Donatello zu den fünf führenden Künstlern der Zeit. Vasari schildert rund anderthalb Jahrhunderte später Donatello als den am stärksten der Antike verbundenen Künstler dieser Epoche, der, obwohl er im 15. Jahrhundert lebte, ästhetisch dem größten aller Künstler, dem im 16. Jahrhundert wirkenden Michelangelo nahestehe. Gleichzeitig rühmte Vasari in seinen »Lebensbeschreibungen der berühmtesten Architekten, Bild-hauer und Maler« Ghibertis *Johannes der Täufer* als »den Anfang der modernen Manier« und pries Ghibertis zweite Bronzetür für das Baptisterium (1425–1452): »Und wahrhaft, man kann sagen, daß dieses Werk das schönste Werk auf der Welt ist, das man je gesehen hat, zur Zeit der Alten und der Modernen«. Vasari war offensichtlich äußerst aufgeschlossen für stilistische Vielfalt und kaum darauf aus, allgemeine Strömungen auszumachen. Aller-dings stellte er die toskanischen Künstler gern als einzigartig dar.

Aufschlußreich ist die Betrachtung eines dritten Bildhauers. Nanni di Banco (um 1381–1421) lieferte nicht nur Arbeiten für

29 Nanni di Banco,
*Vier gekrönte Heilige (I Quattro
Coronati)*, zwischen 1412 und
1415. Marmor, Lebensgröße.
Orsanmichele, Florenz.

Orsanmichele, die sich deutlich von jenen Ghibertis und Donatellos unterschieden, sondern vollzog unmittelbar darauf einen
stilistischen Wandel, als er für den Dom ein von anderen
Künstlern begonnenes Werk vollendete. Die Überlieferung
schweigt zu den im Auftrag der Zunft der Steinmetze und Holz-
schnitzer angefertigten *Vier gekrönten Heiligen* (Abb. 29), doch
entstand die Gruppe vermutlich etwa in derselben Zeit wie der
Evangelist Markus und *Johannes der Täufer* und ist allenfalls geringfügig älter. Die damals noch einzige Skulpturengruppe von
Orsanmichele greift mit ihren vier Marmorgestalten das Thema
der vier christlichen Bildhauer auf, die sich weigerten, in Diokle-
tians Auftrag ein Götzenbild von Aeskulap (dem römischen Gott
der Heilkunst) anzufertigen und deswegen um das Jahr 300 den
Märtyrertod starben. (Der Name der Skulpturengruppe geht
übrigens auf eine Verwechslung mit vier anderen christlichen
Märtyrern zurück – »I Quattro Coronati« –, die Aeskulap nicht
im Tempel opfern wollten.)

Nanni di Banco ordnete die Figuren geschickt in einem
flachen Halbkreis an. Von seinen bildhauerischen Fähigkeiten
abgesehen, besaß er ein ausgeprägtes historisches Bewußtsein
und fundierte archäologische Kenntnisse. Die monumentalen
Marmorgestalten tragen weder zeitgenössische noch mittelalterliche Gewänder, sondern der römischen Antike entlehnte
Togen. Die halbkreisförmige Anordnung erinnert an römische

Grabmäler, die allerdings nur Büsten enthielten, und die Köpfe der Marmorfiguren sind römischen Porträttypen nachempfunden. Die schweren, massigen Gestalten wirken bei weitem nicht so bewegt wie Donatellos *Evangelist Markus*.

Der Relieffries unterhalb der Nischenfiguren zeigt Florentiner Künstler. Sie bearbeiten eine nackte männliche Figur, offensichtlich einen Putto, und ein architektonisches Schmuckelement. An den Wänden der Werkstatt befinden sich die erforderlichen Werkzeuge (Abb. 30). Die über dem Fries angeordneten Schutzpatrone scheinen die Künstler und ihre Arbeit zu segnen.

Um 1414, bald nach der Fertigstellung der *Vier gekrönten Heiligen*, nahm Nanni di Banco sein letztes Werk in Angriff – jenes große Relief, das im Giebel der Porta della Mandorla am östlichen Portal der Nordseite des Doms die Himmelfahrt Mariä zeigt (Abb. 31). Die 1391 von verschiedenen Künstlern begonnene Portaleinfassung enthält in ihren Weinranken ein paar Gestalten in *all'antica*-Manier, unter anderem eine nackte, allegorische Frauengestalt der Abundantia und einen nackten Herkules, die auf ein intensives Studium antiker Skupturen schließen lassen. Angesichts dieser Vorgaben sowie der unmittelbar vorhergehenden Arbeit für Orsanmichele hätte man erwarten können, daß Nanni di Banco auch dieses Thema antikisierend gestaltete. Doch er entschied sich statt dessen für eine Madonna mit wehendem Kleid inmitten einer Engelschar, deren

30 Nanni di Banco, *Bildhauer in ihrer Werkstatt*: Detail aus einem Relief unterhalb der Nische der *Vier gekrönten Heiligen*, zwischen 1412 und 1415. Marmor. Orsanmichele, Florenz.

31 Nanni di Banco,
Mariä Himmelfahrt, zwischen
1415 und 1421. Marmor.
Porta della Mandorla, Dom,
Florenz.

Daß Nanni den Auftrag zu
diesem Relief erhielt, lag nahe
– hatte doch sein Vater
bereits ab 1394 am Portal
gearbeitet und war im Jahr
1414 Vorsteher der
Dombauhütte geworden.

anmutig vom Wind bewegte Gewänder mit ihrer rhythmischen Gliederung eher an Ghiberti als an Donatello oder den frühen Nanni di Banco selbst erinnern.

Nannis Entscheidung mag darauf zurückzuführen sein, daß er über keine geeigneten antiken Vorlagen verfügte; möglicherweise resultiert sie auch aus dem übermächtigen Einfluß jener Skulptur, die Andrea Orcagna (gest. 1368/69) an Orsanmichele zum selben Thema geschaffen hatte. Höchstwahrscheinlich jedoch war ausschlaggebend, daß die zentralen Figuren am Dom in gotischem Stil gearbeitet waren und daß eine Abweichung hiervon die Harmonie des Bauwerks gestört hätte. Trifft diese Annahme zu, dann legte Nanni (und/oder sein Auftraggeber) offensichtlich Wert darauf, daß der Stil eines Kunstwerks dessen Thema und Bestimmungsort entsprechen sollte. Eine Himmelfahrtsszene für den Dom hatte daher anders auszusehen als eine frühchristliche Heiligenfigur für Orsanmichele. Solche Überlegungen waren nicht unüblich – Alberti beispielsweise beschloß, die Fassade von Santa Maria Novella in völliger Übereinstimmung mit den gotischen Formen des bestehenden, rund anderthalb Jahrhunderte zuvor errichteten Baus zu vollenden.

Um 1417 schuf Donatello für die Zunft der Waffenschmiede einen *Heiligen Georg* aus Marmor als Nischenfigur für Orsanmichele (Abb. 32), der wie eine jüngere und schlankere Version des *Evangelisten Markus* wirkte. Er hält mit einer Hand sein Schild und mit der anderen ein (inzwischen fehlendes) metallenes Schwert umklammert. Während Markus auf die vorübergehenden Menschen zu seinen Füßen herabblickt, scheint Georg auf etwas oder jemand bestimmtes herabzustarren, vermutlich auf den gefährlichen Drachen, der die Prinzessin verschlingen will. Sein eindringlicher Blick läßt jene intensive Beziehung zwischen Skulptur und Betrachter neu entstehen, wie sie die Antike einst kannte, und nimmt das unvergeßliche Gesicht von Michelangelos *David* vorweg. Georgs Kampf mit dem Drachen, eine Episode aus einem Ritterepos, entwickelt sich zu einer Konfrontation mit den Menschen in den florentinischen Straßen des 15. Jahrhunderts.

Offensichtlich hat Ghiberti eingehend Donatellos Marmorstatuen studiert, denn der *Heilige Matthäus*, den er zwischen 1419 und 1423 für die Zunft der Bankkaufleute anfertigte (Abb. 25), steht eindeutig unter ihrem Einfluß. Matthäus blickt wie Markus auf die Menschen zu seinen Füßen herab, gleicht jedoch – das geöffnete Evangelium haltend und mit der anderen Hand auf die göttliche Botschaft deutend – eher einem dozierenden Lehrer. Er verkörpert den Typ des humanistischen Redners oder besser noch des Wanderpredigers, unter denen im damaligen Florenz der heilige Bernardino von Siena (1380–1444) besondere Berühmtheit erlangte.

Der liebliche, komplementäre Faltenwurf erinnert zwar an den älteren *Johannes den Täufer*, doch nimmt Matthäus eine lebendigere Haltung ein, und die Falten seines Gewandes sind nicht nur dekorativ, sondern deuten gleichzeitig den darunter befindlichen Körper an. Diese Betonung der Körperlichkeit, gepaart mit einer intensiven geistigen Ausstrahlung, markiert Ghibertis endgültige Abkehr von jenem eleganten, aber psychologisch ausdrucksleeren Stil, der mit Fug und Recht als »die endlose

32 Donatello,
Heiliger Georg, zwischen 1415 und 1417. Marmor, 206 cm hoch. Museo Nazionale del Bargello, Florenz.

Die Fotografie zeigt die Statue in Orsanmichele, ihrem ursprünglichen Standort.

33 Donatello, *Heiliger Ludwig von Toulouse*, zwischen 1422 und 1425. Vergoldete Bronze, 261 cm hoch. Museo di Santa Croce, Florenz.

Bis in die jüngste Vergangenheit befand sich in dieser Nische jener *Ungläubige Thomas*, an dem Andrea del Verrocchio seit der Mitte der 60er Jahre mit zahlreichen Unterbrechungen bis zur Fertigstellung im Jahr 1483 gearbeitet hatte. Etwa ab 1460 verhandelten Guelfenpartei und Handelsgericht – *mercatanzia* – wegen des Verkaufs der Nische, der 1465 erfolgte. Donatellos *Heiliger Ludwig* wurde nach Santa Croce verbracht, und Verrocchio begann mit der Arbeit an seinem *Ungläubigen Thomas*. Die Schwarzweißfotografie belegt, daß der *Heilige Ludwig* nach dem Zweiten Weltkrieg vorübergehend an seinen ursprünglichen Standort zurückkehrte.

Melodie der gotischen Linie« bezeichnet wurde. Der *Heilige Matthäus* gehört zu den wenigen Statuen von Orsanmichele, deren Entstehungsgeschichte ausführlich dokumentiert ist. Die Statue sollte mindestens so groß wie *Johannes der Täufe*r und »so schön wie möglich« ausfallen, was zur Folge hatte, daß nicht nur die Künstler, sondern auch die Auftraggeber miteinander wetteiferten. Diese beschäftigten sich eingehend mit den Materialkosten und Herstellungsfragen – schließlich sollten mehr als zweitausendfünfhundert Pfund (1134 kg) Bronze verarbeitet werden. Auch überlegte man, Kopf und Rumpf der Figur in zwei getrennten Vorgängen zu gießen.

Im Jahre 1419 fertigte Ghiberti sein Modell an, und das Datum auf der Bronze wie auf den Abschluß des ersten Arbeitsschrittes. Der weitere Fortgang war mit einigen Rückschlägen verbunden – der erste Gießversuch mißlang, und Ghiberti mußte wieder von vorne anfangen. Schließlich galt es, das fertige Gußstück in zeitaufwendiger Arbeit zu ziselieren. Die gesamten Arbeiten wurden, wie es bei öffentlichen Aufträgen üblich war, von einem Zunftausschuß überwacht, dem auch der junge Cosimo de' Medici angehörte.

Unter den Skulpturen, die in den ersten 20 Jahren des 15. Jahrhunderts für Orsanmichele angefertigt wurden, gebührt Donatellos *Heiligem Ludwig von Toulouse* ein herausragender Platz (Abb. 33). Donatello schuf seine erste Bronzefigur im Auftrag der Guelfenpartei, einer konservativen politischen Gruppierung, deren Name an die alten Guelfen anknüpfte und die neben den Zünften als einzige Vereinigung eine Nische von Orsanmichele mit einer Statue bestücken durfte. Da es sich überdies um eine zentrale Stelle an der Straße zwischen der Piazza del Duomo und der Piazza della Signoria handelte, scheute man keine Anstrengung, um sie mit einer besonders prächtigen Skulptur und Architektur auszustatten.

Ludwig, der Thronfolger des Königs von Neapel, hatte sämtlichen Erbansprüchen entsagt, um sein Leben in den Dienst Gottes zu stellen. Zum Bischof von Toulouse berufen, wurde er 1317 heiliggesprochen. Die Tatsache, daß ausgerechnet das Zentrum der politischen Macht mit einem mustergültigen Beispiel für Frömmigkeit und Bescheidenheit geschmückt wurde, dürfte nicht ohne Wirkung auf die florentinische Bevölkerung und ihre Regierenden geblieben sein, sahen sie sich doch alle mit dem überirdischen Gesicht und der segnenden Geste dieses jungen, zurückhaltenden Menschen konfrontiert, einem – paradoxerweise in ein prächtiges geistliches Gewand gehüllten – Abbild frommer Selbstlosigkeit.

Die Statue entfaltet aufgrund ihrer tiefen, unterschiedlich gestalteten, sowohl Helle als auch dramatisches Dunkel reflektierenden Gewandfalten eine bemerkenswert räumliche Wirkung. Die älteren Nischenfiguren scheinen im Vergleich dazu flacher. Der *Heilige Ludwig* dagegen zeichnet sich durch eine sich

aufbauschende und alles andere als zusammengedrängte Masse aus. Um diese voluminöse Wirkung zu erzielen, goß Donatello die Statue nicht etwa in einem Vorgang, sondern schraubte einzeln gegossene Bronzeplatten von hinten zusammen – ein Verfahren, das überdies das Vergolden erleichterte.

Die nicht minder bemerkenswerte Nische selbst präsentiert sich als beachtlich tiefer Raum, in dem die Statue reichlich Platz findet. Sie wird von klassischen Elementen umrahmt, korinthische Pilaster ruhen auf einer Basis, deren äußeres Ende jeweils ein Kopf ziert, während im Zentrum zwei fliegende Putti eine antiken Sarkophagen nachempfundene Girlande tragen. Über

zwei gedrehten ionischen Säulen öffnet sich der Raum bogenförmig nach hinten und gibt den Blick auf eine vertäfelte Wand sowie eine muschelförmige Apsis frei. Das gesamte Ensemble mit seinen vielen Anklängen an die Antike gilt wegen seiner hervorragenden Proportionen als architektonische Meisterleistung.

Die Entstehung der Nische ist zwar nicht dokumentiert, doch dürfte sie aller Wahrscheinlichkeit nach zeitgleich zur Statue geschaffen worden sein. Es handelt sich um ein frühes Beispiel der neuartigen Architektur, das zwar parallel zu Brunelleschis Arbeit an der Alten Sakristei und am Ospedale degli Innocenti gestaltet wurde, im Gegensatz dazu jedoch in hohem Maße auf archäologischen Studien beruhte. Inwieweit Donatello, Brunelleschi oder Michelozzo, mit dem Donatello während dieser Jahre eine Zeitlang zusammenarbeitete, an der Ausgestaltung der Nische beteiligt waren, ist umstritten. In einer Stadt, in der die führenden Künstler einander kannten und ihre Gedanken austauschten (obgleich sie bestimmte technische Verfahren sorgfältig voreinander geheimhielten), ist es durchaus denkbar, daß Donatello die Nische unter Mitwirkung seiner Freunde schuf.

Dieselbe Technik wie bei seinem *Heiligen Ludwig* wandte Donatello auch auf den sogenannten *Lo Zuccone* (Kürbiskopf) an, eine Statue, die sich hoch oben am Campanile befindet (Abb. 34 und 35) und möglicherweise den Propheten Habakuk zeigt. Die aus der Nische hervortretende Figur ist nicht aus Bronze, sondern aus Marmor gearbeitet. Die Gestalt ist in ein üppig fallendes, in tiefe Falten gelegtes Gewand gehüllt, das jedoch im Gegensatz zu Ghibertis *Johannes der Täufer* nicht nur dekorative Funktion besitzt. Das Gewand betont den kahlen Kopf des anscheinend völlig gedankenversunkenen Propheten, dessen Kinnlade schlaff herabhängt und dessen Hand beiläufig mit den Falten des Gewandes spielt. In diesen Jahren bildete sich eine neue, heroische Gattung von Marmor- und Bronzestatuen heraus; *Lo Zuccone* hoch über den Straßen von Florenz verkörpert den Zustand mystischer Entrückung, und die Untersuchung bloß technischer Fragen wird nie eine Erklärung für das Genie seines Urhebers liefern können.

In Florenz wurde der Wandel ästhetischer Vorstellungen und Wertungen zunächst vor allem an den Skulpturen deutlich. Die öffentlichen, aus einem Wettbewerb zwischen Künstlern und Auftraggebern entstandenen Kunstwerke übernahmen Formelemente der Antike und ließen eine exakte Beobachtung der Realität erkennen. Nach damaliger Auffassung schienen diese Skulpturen zu »leben und zu atmen« und von tatkräftigem Geist beseelt. Erst ein rundes Jahrzehnt später machte sich diese veränderte Kunstauffassung dann auch in der Malerei bemerkbar.

Eine selbstbewußte Metropole

Warum kam es ausgerechnet in dieser Stadt und zu dieser Zeit zu einer solch richtungweisenden künstlerischen Revolution? Neben Neuerungen innerhalb der Disziplin waren dafür wohl auch äußere Einflüsse verantwortlich. Florenz erlebte (wie etwa Athen in der Mitte des 5. Jahrhunderts v. Chr. und Paris zu Anfang des 20. Jahrhunderts) eine jener Sternstunden, in denen wie durch geheimnisvolle Fügung eine Reihe genialer Künstler wie Donatello, Brunelleschi und Masaccio zusammentreffen. Eine entscheidende Voraussetzung bestand im erneut einsetzenden wirtschaftlichen Aufschwung der Stadt, durch den die Folgen der Pest endgültig überwunden und neue Bauvorhaben in Angriff genommen werden konnten. Weil die Stadt 1402 von einer Belagerung durch Mailand verschont blieb, entwickelten die Florentiner in der Folge ein ausgeprägtes Bewußtsein für ihren Status und ihre herausragende Rolle als Bürger einer der wenigen freien Republiken Italiens. Die vor diesem Hintergrund entstandenen (überwiegend auf antike Vorbilder zurückgreifenden) literarischen Werke stellen die Eigenverantwortung des Menschen, die Notwendigkeit einer liberalen Erziehung als Garant für einen sittsamen, selbstbestimmten Lebenswandel und die zentralen Tugenden der Gemeinnützigkeit, Mäßigung und Selbstbeherrschung in den Mittelpunkt. Diese humanistischen Vorstellungen waren um 1400 in Florenz weit verbreitet und übten sicher nachhaltigen Einfluß auf die Selbstsicherheit und Selbstvertrauen ausstrahlenden Statuen von Orsanmichele aus.

Giorgio Vasari führte in seiner Lebensbeschreibung des umbrischen Malers Pietro Perugino (um 1445/1450–1523) die besondere Bedeutung von Florenz auf drei Faktoren zurück: Fleiß, ein gutes Urteilsvermögen und das Streben nach Ruhm und Ehre. Am wahrscheinlichsten ist jedoch, daß die neuartige Kunst sowohl aus einer veränderten Geisteshaltung als auch aus künstlerischen Innovationen im engeren Sinne entstehen konnte.

Gegenüberliegende Seite:
35 Donatello, *Lo Zuccone* (Habakuk ?), zwischen Mitte der 20er und Anfang der 30er Jahre des 15. Jahrhunderts. Marmor, 206 cm hoch. Museo dell' Opera del Duomo, Florenz.

KAPITEL 4

IM SCHATTEN DES DOMS

In der Widmung seines 1435 verfaßten Traktates »De pictura« preist Leon Battista Alberti die kurz zuvor von Filippo Brunelleschi vollendete Domkuppel mit überschwenglichen Worten als »derart groß, daß die gesamte Bevölkerung der Toskana in ihrem Schatten Platz findet...« (Abb. 36). Alberti wurde im Jahr 1404 als Sohn einer Florentiner Familie im genuesischen Exil geboren. Nachdem er in Padua eine der besten und angesehensten Schulen der damaligen Zeit besucht hatte, ging er an die Universität von Bologna. Er vertiefte sich voller Eifer in das Studium der antiken Schriftsteller. Philosophie und Naturwissenschaften interessierten ihn gleichermaßen. Laut Überlieferung soll er sich als Maler und Bildhauer betätigt haben, ehe er Architekt wurde. Allerdings ist aus dieser Zeit lediglich eine ihm zugeschriebene und mit seinem Selbstporträt versehene Medaille erhalten geblieben. Um 1435 verkehrte er offensichtlich mit sämtlichen bedeutenden Florentiner Künstlern und holte sich von ihnen wertvolle Anregungen für sein schmales Büchlein.

Leon Battista Alberti war eine singuläre Erscheinung, weil er in der wissenschaftlichen wie der künstlerischen Welt zu Hause war. Den meisten Darstellungen zufolge war es Alberti, der die bildende Kunst intellektuell aufwertete. Doch vielleicht sollte man besser sagen, daß er als erster primär geistige Vorstellungen in die Arbeit der Werkstätten hineinbrachte, und zwar zu beider Vorteil.

Alberti war zweifellos der Hauptverfechter der neuen, auf dem Studium der Natur und der Antike basierenden Kunst, und es mag daher überraschen, daß er eine gotische Kuppel bewunderte, die einen Kirchenbau krönte, der im wesentlichen bereits seit einem halben Jahrhundert bestand (Abb. 37). Die Domkuppel fungiert gewissermaßen als Schlußstein von Florenz – sie gibt dem Stadtbild Zusammenhalt und bildet den Mittelpunkt, auf den sämtliche größeren Straßen zulaufen. Brunelleschi, der moderne Ideen mit traditionellen Formen

36 Filippo Brunelleschi,
Kuppel, Dom von Florenz,
1420–1436.

37 Florenz vom Forte di Belvedere aus gesehen.

verband, schuf mit ihr ein Bauwerk, das in Florenz alles bisherige an Größe und Bedeutung übertraf und zum Wahrzeichen der Stadt und ihrer Bewohner wurde. Um das Jahr 1400, der Dom stand kurz vor seiner Vollendung, äußerten sich Coluccio Salutati und Leonardo Bruni (1374–1444), der später als Historiker und Kanzler von Florenz berühmt wurde, in lobenden Worten über Florenz und seine Bauwerke. Bruni etwa vertrat die bürgerstolze Auffassung, daß sich keine andere Stadt mit Florenz messen könne.

Nicht nur Künstler und Auftraggeber, sondern auch die Städte wetteiferten miteinander, wobei der jeweilige Dom – wichtigstes Gebäude der Stadt – im Zentrum der Interessen stand. Im selben Jahr, in dem Alberti die Widmung zu seinem Traktat über die Malerei verfaßte, nahm Papst Eugen IV. (1431–1447) die erneute Weihe des Doms vor. Brunelleschi hatte im Jahr 1418 sein Kuppelmodell fertiggestellt und 1420 gemeinsam mit Ghiberti den Auftrag erhalten, den Entwurf auszuführen. Laut Überlieferung herrschte zwischen den beiden Künstlern eine erbitterte Rivalität. Fest steht, daß Ghiberti nach wenigen Jahren Brunelleschi das Feld überließ. Die überall nachzulesende Entstehungsgeschichte der Kuppel soll hier nur kurz skizziert werden. Durch die 1366 und 1367 gefaßten Beschlüsse waren die Florentiner gezwungen, die größte Kuppel der Welt zu errichten, die erst anderthalb Jahrhunderte später durch die Kuppel des Petersdomes übertroffen wurde. Als 1413 die Trommel fertiggestellt worden war, mußte eine kühne technische Lösung gefunden werden. Als Bekrönung des gotischen Doms bot sich eine Spitzkuppel nicht nur aus rein ästhetischen Überlegungen an. Sie war vielmehr auch aus statischen Gründen zwingende Notwendigkeit, weil jede annähernd halbkreisförmige Kuppel aufgrund der seitlichen Umlenkung der Schubkräfte einsturzgefährdet gewesen wäre. Damit war zwar die Grundform vorgegeben, doch blieben wichtige Fragen offen: etwa wie man das schwere Baumaterial in die schwindelerregende Höhe befördern, ohne Wölbgerüst die Kuppel abschließen und vor allem, wie man bei einer geplanten Höhe von 91 Metern die Tragfähigkeit sichern sollte.

Brunelleschi war sich bewußt, daß es eine möglichst leichte Kuppel zu bauen galt, und entschied sich daher für eine zweischalige, an Kreuzrippen aufgehängte Konstruktion, bei der 16 Rippen zwischen den beiden Schalen verborgen und acht außen sichtbar sind (Abb. 38). Da es noch keine statischen Berechnungen gab, blieb dem Architekten nichts anderes übrig, als sich Schritt für Schritt vorzutasten und die Kuppelbasis mit Hilfe von steinernen und hölzernen Ringankern und einer besonders stabilen, fischgrätförmigen Anordnung des Mauerwerks abzusichern. Woher Brunelleschi diese verschiedenen Kunstgriffe und Techniken kannte, ist umstritten. Jedenfalls basierte sein Wissen nicht nur auf seiner Erfindungskraft, sondern zeichnete sich auch durch eine gründliche Kenntnis der römischen und mittelalterlichen Architektur aus.

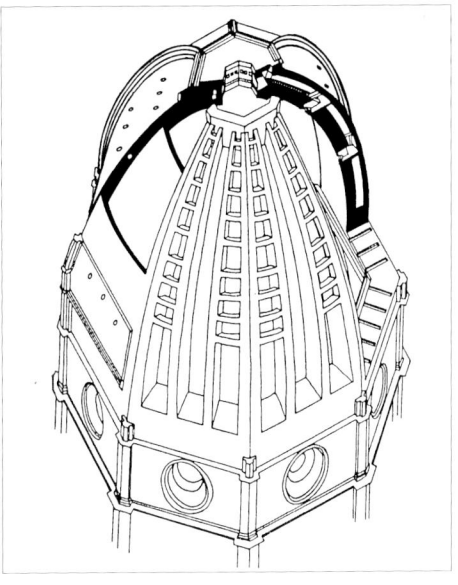

Über die Frage, wie die Kuppel ohne Zuhilfenahme eines Gerüstes zu errichten sei, entbrannte ein heftiger Streit. Man erwog sogar, den Dom mit einem Gemisch aus Erde und Münzen aufzufüllen und nach vollendeter Arbeit von einer gierigen Kinderschar die Erde kostenlos wieder entfernen zu lassen. Brunelleschi hatte alle Mühe, seinen Vorschlag durchzusetzen: Er wollte an den Innenwänden des Baus verankerte Arbeitsbühnen anbringen und diese dem Arbeitsfortschritt entsprechend nach oben verlegen.

38 Isometrische Darstellung der Domkuppel.

Brunelleschis Methode erforderte neuartige Vorrichtungen, um das schwere Baumaterial auf die Arbeitsbühnen zu befördern. Doch der als ›Neuer Daidalos‹ (nach dem legendären Erfinder aus der griechischen Mythologie) titulierte Brunelleschi hatte auch hierfür eine Lösung. Ganz gleich, was die Florentiner von ihrer neuen Domkuppel hielten – sie muß ihnen als Wunderwerk der Technik erschienen sein. Detaillierte zeitgenössische Urteile über Kunstwerke oder Bauten des 15. Jahrhunderts sind selten, so daß

Albertis Äußerung aus dem Jahr 1435 besondere Bedeutung zukommt. »Die Natur, die Meisterin aller Dinge«, so Alberti, »ist schon alt und müde geworden und bringt nun ebenso wenig mehr Giganten als große Geister hervor, wie sie dies in ihren (gleichsam) jugendlichen und ruhmreicheren Zeiten in bewundernswerter Fülle getan hat.« (L. B. Alberti, Drei Bücher über die Malerei, hrsg. von Dr. Hubert Janitschek, Wien 1877, S. 46). Als Alberti jedoch aus mehrjährigem Exil nach Florenz zurückkehrte, fand er, daß die dortigen Künstler den antiken in keiner Weise nachstanden, und erkannte, daß deren herausragende Leistungen nicht nur auf eine glückliche Fügung, sondern ebensosehr auf Eifer und Sorgfalt zurückzuführen seien. Brunelleschi hatte Alberti zufolge eine technische Großtat vollbracht, die seine Zeitgenossen für unmöglich gehalten hatten und die in der Antike wohl auch unvorstellbar gewesen wäre. Alberti rühmt Brunelleschis Erfindungsgabe und Kühnheit, die ihn auf traditionelle Mittel verzichten ließen. Die Kuppel wurde zum Symbol für das Neue, und dieses Neue wiederum trug entscheidend zum Wiederaufstieg von Florenz bei.

Wie vor 600 Jahren ist die Domkuppel auch heute noch das Herzstück von Florenz. Sie repräsentiert weit mehr als eine bloß technische Meisterleistung, wie nicht zuletzt Albertis Abhandlung über die Baukunst oder seine anderen Schriften zeigen, in denen er die Architektur als Konzept oder Metapher behandelt. Um 1450 schloß er seine »De re aedificatoria« (Zehn Bücher über Architektur) ab, in denen er seine florentinischen Erfahrungen verarbeitete. Für Alberti war die Architektur die vornehmste aller Künste, der Architekt ein zweiter Schöpfer, seine Tätigkeit eine religiöse Berufung. Alberti begeisterte sich für öffentliche Architektur, für deren Angemessenheit im Hinblick auf die jeweilige gesellschaftliche Bedeutung und vor allem für die richtige Plazierung der Bauwerke innerhalb einer Stadt. Der gut erhaltene ›Tempel‹ (wie Alberti jede Kirche zu nennen pflegte) galt selbstverständlich als das bedeutendste Schmuckstück der Stadt und sollte sich deshalb an ihrem höchsten Punkt befinden. Aufgrund der topographischen Gegebenheiten war dies in Florenz nicht ganz der Fall, doch die kühn emporstrebende Domkuppel glich diesen kleinen Schönheitsfehler in überzeugender Weise aus.

Der Dom ist auch die zentrale Metapher in Albertis zu Beginn der 40er Jahre des 15. Jahrhunderts verfaßten »Della tranquillità dell' anima«. Darin äußerte er sich über die Bedeutung von seelischer Ausgeglichenheit und Ruhe und widmete sich der Frage, wie man diese trotz widriger Umstände erlangen könne. Der Dom mit seinen verschiedenen, potentiell auseinanderstrebenden und doch zu einem harmonischen Ganzen verbundenen Bauteilen symbolisierte für ihn eine solche seelische Ausgeglichenheit. Alberti vertrat das Konzept der *concinnitas*, also die Vorstellung, daß verschiedenartige Teile zu einem ausgewogenen

Ganzen zu verbinden seien. *Concinnitas* war für Alberti ein Naturgesetz, das, auf Bauwerke angewandt, diesen Würde, Ausstrahlung, Authentizität und Rang verlieh. Ihm war mehr am harmonischen Zusammenklang unterschiedlicher Elemente gelegen als an der Hinwendung zu einem bestimmten Stil. Daher rühmte er einerseits die Domkuppel und vollendete andererseits die gotische Fassade von Santa Maria Novella zu einem Ensemble, das behutsam die Tradition der zu den ältesten Bauten der Stadt zählenden Kirche respektierte.

Brunelleschi in Florenz

Im Jahre 1436 war die Domkuppel nach über anderthalb Jahrzehnten Bauzeit endlich vollendet. Parallel dazu hatte Filippo Brunelleschi an anderen Projekten gearbeitet, in denen er seine völlig neue Architektur entwickeln konnte, ohne bauliche Vorgaben berücksichtigen zu müssen. Er errichtete die Alte Sakristei von San Lorenzo und begann im Jahr 1419 im Auftrag der Seidenhändlerzunft mit dem Bau des Ospedale degli Innocenti, einem Findelhaus (Abb. 39 und 40). Dieses zeichnet sich im Vergleich zu älteren Einrichtungen wie etwa jener von Santa Maria Nuova durch einen übersichtlicheren Grundriß aus und besticht vor allem durch seine Eingangsloggia. Andere Spitäler besaßen ebenfalls Vorhallen, deren auf einer flachen Basis fußenden, polygonalen Säulen jedoch von wenig Gespür für eine harmonische Gliederung zeugten (Abb. 41). Brunelleschi dagegen verlieh diesem traditionellen Element der Architektrur beeindruckend klare Proportionen von überwältigender Feinheit und Leichtigkeit.

Sein neuartiger Baustil orientierte sich, obwohl für gewöhnlich als Frührenaissance oder klassisch bezeichnet, nicht an konkreten griechischen oder römischen Bauwerken. Zwar führte Brunelleschi die antike Säulenordnung wieder ein (wonach die einzelnen Teile einer Säule bis hin zur Basis in einem bestimmten Verhältnis zu stehen hatten, wie es bei den griechischen Tempeln der Fall war), doch handelte es sich heirbei um eine allgemeine Anleihe an die Klassik. Die Details des Gebäudes dagegen scheinen vielmehr von romanischen Bauten der Toskana, wie beispielweise dem Baptisterium und San Miniato, abgeschaut zu sein.

Die neuartige Architektur beruhte vor allem auf einem sicheren Gespür für Proportionen. Ein Würfel von zehn *braccia* (florentinische Maßeinheit, etwa 58 cm) Seitenlänge bildet das neunmal wiederholte Grundelement der Loggia. Die Höhe der Säulen (einschließlich der darüber befindlichen Platten) entspricht genau dem Durchmesser der Rundbögen. Jeder Würfel wird von einem halbkreisförmigen Gewölbe überspannt, das von in die Mauer eingelassenen Kragsteinen getragen wird. Der klare

Im Schatten des Doms

Oben links:
39 Filippo Brunelleschi,
Ospedale degli Innocenti
(Findelhaus), Florenz,
zwischen 1419 und 1440.

Die zum Findelhaus gehö-
rende Loggia säumt neben
zwei weiteren – aus späterer
Zeit stammenden – die Piazza
Santissima Annunziata.

Unten links:
40 Filippo Brunelleschi,
Loggia des Ospedale degli
Innocenti, Florenz, zwischen
1419 und 1440.

Rechts:
41 Loggia des Ospedale San
Matteo, Florenz, 1384.

Dieses Gebäude ist heute Sitz
der Kunstakademie, der
Accademia di Belle Arti.

Kontrast zwischen Graustein und weißem Mauerwerk und das schlicht gearbeitete, auf jegliches Schmuckwerk verzichtende Gesims vermitteln den Eindruck von urtümlicher Leichtigkeit (die Wickelkinder zeigenden Terrakottamedaillons und die Fresken sind jüngeren Datums).

Die Augustinerkirche Santo Spirito am südlichen Ufer des Arno hatte Brunelleschi in den 20er oder 30er Jahren des 15. Jahrhunderts entworfen. Als er 1446 starb, stand davon lediglich eine einzige Säule. Heute präsentiert sich dort ein nüchterner Bau mit schlichten Seitenwänden und einer schmucklosen, an einen der berühmtesten Plätze von Florenz angrenzenden Fassade (Abb. 42). Die urspüngliche Planung sah eine weit großzügigere Anlage sowie ein um hundertachtzig Grad gedrehtes Kirchenschiff vor; die Fassade hätte dann einen großen, zum Arno hin geöffneten Platz beherrscht.

Der Innenraum von Santo Spirito gehört zu den schönsten von ganz Florenz (Abb. 43). Die Wirkung ist der des schlichteren Findelhauses vergleichbar: Der hell und leicht anmutende Raum ist aus regelmäßig wiederkehrenden, aus schlichtem Stein und Putz gearbeiteten Grundelementen gestaltet und überzeugt vor allem durch seine klaren Proportionen. Das zugrundeliegende Schema wird anhand von Grundriß (Abb. 44) und Aufriß deutlich. Die quadratische, von der Kuppel überwölbte Vierung gibt das Grundmaß vor. Das Kirchenschiff ist so breit wie eine Seite des Vierungsquadrates, die Seitenschiffe und die Bogen-öffnungen im Mittelschiff sind halb so breit, so daß die Ab-schnitte der Seitenschiffe jeweils ein Viertel des Vierungsqua-drates betragen. Der Aufriß zeigt, daß die Bögen des Mittel-schiffes die volle Raumhöhe erreichen. Die Proportionen (1:1

42 Piazza Santo Spirito, Florenz.

und 1:2) sind überwältigend einfach. Durch das System der sich ständig wiederholenden architektonischen Elemente bietet sich dem Besucher von jedem beliebigen Standpunkt aus durch ein rahmendes Säulenpaar hindurch ein Blick in weitere Räume. Diese Wirkung wäre durch eine offenbar im Eingangsbereich der Kirche geplante Fortführung der Säulen noch verstärkt worden (Abb. 45). Der kühl und rational gestaltete Raum lädt zur Kontemplation ein.

Kirchen wie Santo Spirito und San Lorenzo machten eine neue Abstimmung von Architektur und Malerei erforderlich, da Brunelleschis Konzept weder im übertragenen noch im wörtlichen Sinne Platz für Fresken im Stile der älteren Florentiner Kirchen ließ. Fresken hätten die Raumwirkung unweigerlich zerstört. Als Alternative boten sich verhältnismäßig kleine Altarbilder an, wie sie in Santo Spirito noch in großer Zahl zu bewundern sind.

Mäzenatentum und Architektur

Als Cosimo de' Medici sich 1442 bereit erklärte, die Fertigstellung von San Lorenzo zu finanzieren, löste er damit den Staat in seiner Verantwortung als Bauherr ab. Diese großzügige Geste regte wahrscheinlich den drittreichsten Bürger von Florenz, den Grundbesitzer und Bankier Giovanni Rucellai dazu an, sich in seinem Stadtviertel ähnlich freigebig zu zeigen und für die Vollendung der Fassade von Santa Maria Novella (Abb. 46) aufzukommen. Als eine der bedeutendsten Dominikanerkirchen ganz Italiens beherbergte sie die Päpste während ihrer Florenz-

Gegenüberliegende Seite:
43 Filippo Brunelleschi, Santo Spirito, Florenz, Planungsbeginn Ende der 20er, Anfang der 30er Jahre; Baubeginn Mitte der 40er Jahre des 15. Jahrhunderts.

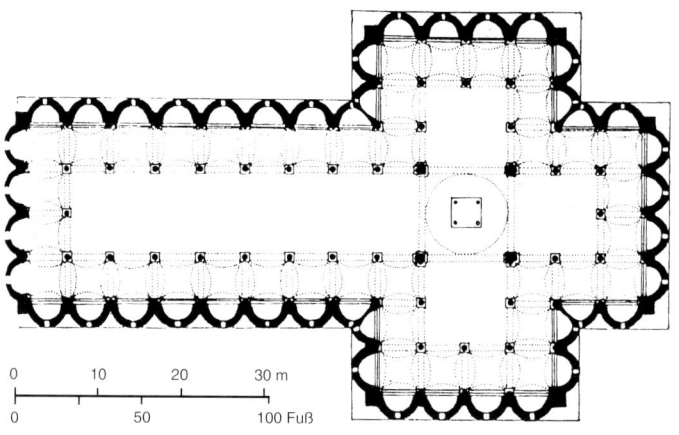

44 Entwurf zu Santo Spirito, Florenz, entsprechend des ursprünglichen Bauvorhabens.

Diese Rekonstruktion belegt, daß Brunelleschis ursprüngliches Bauvorhaben dieses – im Gegensatz zu seinen früheren Werken – stärker unter dem Einfluß der Bildhauerkunst stand. Dies äußert sich in der geschwungenen Linienführung der Seitenkapellen, die wellenförmig verlaufende Außenmauern nach sich gezogen hätte.

Rechts:
45 Santo Spirito, Florenz, Blick zwischen den Säulen hindurch auf Vierung und Querschiff.

Der Tabernakel stammt erst aus dem 16. Jahrhundert und verunklärt den ursprünglichen Raumeindruck.

aufenthalte. Hier, in Santa Maria Novella, tagte auch jenes berühmte Konzil von Florenz, das vergeblich eine Union mit der Ostkirche herbeizuführen suchte. Die im ausgehenden 13. Jahrhundert begonnene Kirchenfassade geriet lediglich bis in Höhe der Grabnischen, der Rest war blanke Backsteinmauer. Piero de' Medici hatte den Tabernakel für Santa Annunziata sowie 1448 ein ähnliches Kunstwerk für San Miniato anfertigen lassen. Mit diesen Akten der Frömmigkeit hatte er gleichzeitig auf dauerhafte Weise das Ansehen seiner Familie gesteigert. Rucellai bezweckte ähnliches. Die Inschrift an seiner Grabkapelle kündet von dem frommen Wunsch, daß seine guten Taten dereinst seinem Seelenheil dienen mögen. Unterhalb des Ziergiebels von Santa Maria Novella finden sich der Name des Stifters und das Datum der Fertigstellung – GIOVANNI DI PAOLO RUCELLAI 1470 –, während der Fries am unteren Gesims das Emblem der Rucellai zeigt: im Wind geblähte Segel, als Anspielung auf die launischen Winde Fortunas, die ein kluger Mensch geschickt zu nutzen versteht.

Die Fassade von Santa Maria Novella geht mit ziemlicher Sicherheit auf einen Entwurf Albertis zurück. Alberti wußte zwar wenig über die Arbeit von Steinmetzen und Kuppelbauern, doch er verfügte über ausgezeichnete Architekturkenntnisse, die er vor allem durch das Studium antiker Ruinen und der im ersten Jahrhundert v. Chr. von Vitruv verfaßten Abhandlung »De Architectura« erworben hatte. Diese einzige aus der Antike überlieferte theoretische Schrift stellte das architektonische Wissen der damaligen Zeit vor dem Hintergrund sozialer Fragen dar und war vor allem von Cicero beeinflußt.

Als bekannteste Bauwerke Albertis gelten San Francesco in Rimini (der sogenannte Tempio Malatestiano), mit dessen Bau er vor Santa Maria Novella begann, sowie die Kirche Sant' Andrea in Mantua, die den monumentalen und feierlichen Bauwerken

der römischen Antike nachempfunden war. Auf Santa Maria Novella trifft dies nicht zu – von einzelnen Bestandteilen wie etwa dem Portal oder dem Ziergiebel abgesehen. Der vorherrschende Eindruck ist der einer geometrisch gestalteten, in zwei unterschiedlichen Farbtönen gehaltenen Fläche. Die Fassade hat eindeutig das Baptisterium und San Miniato zum Vorbild. Trotz der bereits vollendeten Bauabschnitte, die eine gewisse Vorgabe bildeten, boten sich bei der Konzeption mehrere Alternativen. Alberti orientierte sich an den berühmten romanischen Bauwerken von Florenz und bezog die gesamte Stadt in das Prinzip der *concinnitas* (vgl. S. 72f.) ein.

Das Untergeschoß der Fassade enthält Elemente früherer Bauphasen. Die durch die Spitzbögen vorgegebene Gliederung wird durch die vier vertikalen Felder und riesigen Säulen aufgegriffen, die das mächtige Hauptportal mit seinem Tonnengewölbe flankieren. Um diese Betonung der Senkrechten harmonisch abzurunden, wird sie durchbrochen von einem breiten horizontalen Band mit quadratischen Mustern, das

gleichzeitig die Attika des unteren und Basis des oberen Geschosses bildet. Das obere Stockwerk mit seinem für gotische Fassaden typischen Rundfenster in der Mitte sowie den vier Pilastern, die das Gesims und den Ziergiebel tragen, erinnert an eine römische Tempelfront. Die seitlich angebrachten Voluten dienten hier erstmals dazu, das unschöne Gefälle zwischen der Höhe des Mittelschiffs und den beiden wesentlich niedrigeren Seitenschiffdächern zu verdecken. Dieses Vorbild wirkte Jahrhunderte fort. Anders als bei San Miniato war die Fassade vollkommen in sich geschlossen, keine einzige Dimension konnte abgeändert werden, ohne den proportionalen Gesamteindruck zu beeinträchtigen.

Das Grundschema ist wiederum sehr einfach: Zwei Quadraten im unteren entspricht ein Quadrat im darüber liegenden Stockwerk, und nach diesem Muster ist die gesamte Fassade unterteilt. Rucellai erlebte noch die Vollendung der Fassade und war mit dem Ergebnis offensichtlich sehr zufrieden. Seinen eigenen Worten zufolge fand er mehr Freude daran, Geld auszugeben, als es zu verdienen, insbesondere, wenn er es in Bauwerke investierte. Auftraggeber und Baumeister verband ihre große Begeisterung für Architektur.

Architektur der Prachtentfaltung

Giovanni Rucellai ließ auch ein Wohnhaus errichten. Die florentinischen Häuser wurden als *palazzi* (Paläste) bezeichnet; Paläste im modernen Sinne kamen erst ab dem zweiten Drittel des 15. Jahrhunderts auf. Seit dem 13. Jahrhundert hatte sich die Bauweise kaum verändert. Die schlichten Häuser verfügten meist über drei oder vier Stockwerke mit bis zu drei Türen und übereinander angeordneten Fenstern. Ohne ostentative Prachtentfaltung zeugten sie von der gesellschaftlichen Stellung ihres Eigentümers. Auch noch im 15. Jahrhundert errichtete man dicht an dicht solche Häuser entlang der engen Gassen, in die nur wenig Licht drang (Abb. 47).

Ab Mitte der 40er Jahre des 15. Jahrhunderts begann zwischen den führenden Familien – den Medici, Rucellai, Pitti und Strozzi – ein architektonischer Wettstreit. Die Humanisten sahen in den prächtigen Bauwerken mit Vorliebe das Ideal der *magnificentia* verwirklicht, wonach ein Gebäude das Ansehen und die gesellschaftliche Position des Eigentümers widerzuspiegeln hatte. Die architektonische Umsetzung dieses Ideals war nicht gerade einfach, denn wie konnte man die mächtige Stellung eines Bürgers offen dokumentieren, ohne gleichzeitig den Neid der weniger Begüterten zu erregen? Die Fassadengestaltung der *palazzi* mußte folglich mit größter Sorgfalt durchdacht und realisiert werden.

Die römischen Ruinen boten vergleichsweise wenig Anregungen für die Errichtung von Wohnhäusern, doch enthielt die antike Literatur eine Vielzahl von Anregungen. Seit Menschengedenken litten die Florentiner darunter, daß die christliche Kirche Zinsgeschäfte und Wucher verbot. Da aber pompöse Wohnhäuser sichtbarer Ausdruck eben solch fragwürdiger Geldgewinne war, suchten die Florentiner in antiken Wertvorstellungen nach einer Lösung.

Aristoteles beurteilte in seiner »Nikomachischen Ethik« Reichtum durchaus positiv, da sinnvoll ausgegebenes Geld dem Ansehen dienlich sei. Plinius der Jüngere übertrug ähnliche Vorstellungen auf das Gebiet der Architektur und schrieb, daß das öffentliche Wirken der Patrizier deren prachtvolle Häuser rechtfertige. Cicero pflichtete ihm bei und ergänzte, das Wohnhaus des Bürgers solle sowohl dessen Ansehen als auch dessen gesellschaftlichem Engagement Rechnung tragen. Alberti betonte in seinen »Zehn Büchern über die Architektur« immer wieder, daß das Äußere eines *palazzo* dem sozialen Rang seines

Eigentümers zu entsprechen habe. Er vertrat die Auffassung, daß es eine Architektur für das einfache Volk und eine für die gesellschaftliche Elite gebe und behauptete gar, daß den wenigen Bürgern einer Stadt, die eine herausragende Stellung innehätten, das Privileg höchster Prachtentfaltung gebühre. Reichtum galt in diesem Fall als Zeichen göttlichen Auserwähltseins. Andere zeitgenössische Schriftsteller wie Leonardo Bruni, Poggio Bracciolini (1380–1459) und Matteo Palmieri (1406–1475) argumentierten, daß Reichtum die notwendige Voraussetzung für ein tugendhaftes, aktives, auf das Gemeinwohl ausgerichtetes Leben darstelle. Dies kam einer völligen Kehrtwendung gleich: Reichtum war plötzlich keine Sünde mehr, sondern vielmehr eine Tugend. Die Florentiner konnten nun ohne Bedenken ihre gesellschaftliche Position architektonisch unterstreichen.

Der *palazzo*, in dem meist die gesamte Großfamilie wohnte, verschlang für gewöhnlich die Hälfte bis zwei Drittel des persönlichen Vermögens. Er diente in erster Linie Repräsentationszwecken, denn er betonte Tradition und Kontinuität der Familie beziehungsweise des Geschlechterverbandes. Neue *palazzi* wurden stets in unmittelbarer Nähe oder anstelle alter Familienwohnsitze errichtet, und man suchte mit allen Mitteln zu verhindern, daß ein Wohnhaus in fremde Hände geriet.

47 Renaissancehäuser in der Via dei Bardi, Florenz.

Um 1445 ließ Cosimo de'Medici unmittelbar neben einer Gruppe älterer (inzwischen zerstörter) Familienwohnhäuser einen neuen *palazzo* erbauen (Abb. 48). Cosimos Position war besonders heikel, da er faktisch die politische Macht in der Republik Florenz besaß. Er konnte es sich bestenfalls leisten, als *primus inter pares*, als Gleicher unter Gleichen, aufzutreten, mußte aber vermeiden, den Eindruck zu erwecken, er genieße spezielle Privilegien und eine besondere Machtstellung. Deshalb lehnte er den bei Brunelleschi in Auftrag gegebenen Entwurf für einen neuen *palazzo* als zu prächtig ab, worauf der Architekt sehr erzürnt reagierte. Cosimo wandte sich daraufhin an Michelozzo di Bartolomeo, den ehemaligen Mitarbeiter von Ghiberti und Donatello. Michelozzos Bau unterschied sich in mehreren Punkten von dem heutigen, im 17. Jahrhundert nach Norden hin erweiterten und um ein Portal und sieben Fensteröffnungen ergänzten Gebäude. Die der Repräsentation dienende Loggia wurde dagegen inzwischen zugemauert. Die mit Ziergiebeln versehenen Fenster des Erdgeschosses stammen aus dem frühen 16. Jahrhundert.

In seiner ursprünglichen Form besaß das Haus inmitten der breiten Fassade ein Portal, durch das man in den Innenhof gelangte. Die drei Stockwerke wurden nach oben hin jeweils etwas niedriger, die Fassade zeigte im Erdgeschoß Rustika (grob behauene Steinblöcke) und darüber glatteres Mauerwerk. Die Geschosse waren durch schmale Gesimse abgesetzt, auf denen die feinen Ziersäulen der Doppelarkadenfenster ruhten. Den Abschluß der Fassade bildete ein imposantes, antikisierendes Gebälk.

Der *palazzo* entspricht nicht ganz dem humanistischen Ideal der *magnificentia*. Das stattliche, vertikal gegliederte Gebäude wirkt ausgesprochen wehrhaft, nüchtern und streng. Der Palazzo Medici war zweifellos der nördlichen Rustikafassade des Palazzo della Signoria nachempfunden. Wenn, was zu vermuten ist, diese Parallele bewußt gewählt wurde, so setzte Cosimo damit ein sehr kühnes Zeichen seiner politischen Macht (Abb. 48 u. 49).

Obwohl Cosimo sorgfältig bestrebt war, den Eindruck einer Sonderstellung zu vermeiden, erregte sein neuer *palazzo* offenbar heftige Kritik. Zwischen 1453 und 1456 verfaßte ein gewisser Timoteo Maffei eine schwungvolle Verteidigungsschrift, in der er darlegte, daß der Palast nicht etwa aus Geltungsbedürfnis, sondern zur Ehre der berühmten Stadt errichtet worden sei.

Ab 1428 erwarb Giovanni Rucellai nach und nach rund um seinen Familiensitz gelegene Grundstücke. Anfang der 50er Jahre begann er mit dem Ausbau, indem er Bernardo Rossellino (1409–1464) mit der Anlage eines zentralen Innenhofes betraute. Um sein gesellschaftliches Ansehen zu dokumentieren und gleichzeitig die unregelmäßigen Fronten der älteren Bauteile zu kaschieren, ließ er einige Jahre später eine Fassade vorblenden (Abb. 50). Die wahrscheinlich nach einem Entwurf von Alberti

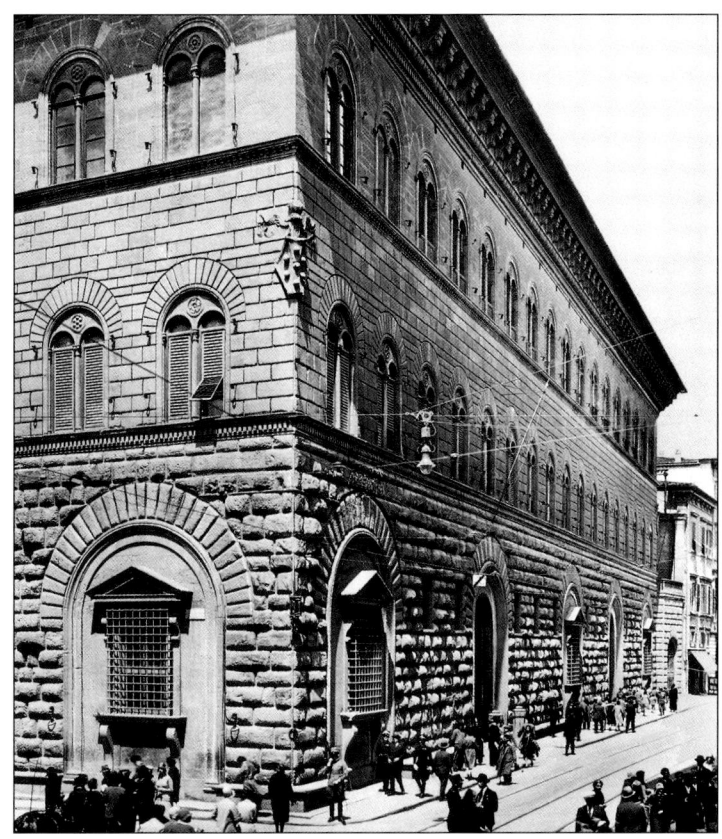

48 Michelozzo di Bartolomeo, Palazzo Medici, Florenz, zwischen 1444 und 1450.

Das Herzstück des Palazzo bildet ein von Arkaden gesäumter Innenhof, welcher eine repräsentative Kulisse für feierliche Begebenheiten bildete. Hinter dem rückwärtigen Gebäude erstreckte sich der Garten. Frühere Wohnbauten verfügten über keine derart prachtvollen Innenhöfe. Ihre Höfe waren lediglich eine Art erweiterter Lichtschacht, in dessen Mitte sich für gewöhnlich ein Brunnen befand. Heute trägt das Gebäude die Bezeichnung Palazzo Medici-Riccardi (die Fotografie wurde von Südosten aufgenommen).

errichtete Fassade sollte anfänglich fünf Fensterachsen sowie ein Portal aufweisen, durch das man in Rossellinos Innenhof gelangte. Als Rucellai weiteren Grundbesitz erwarb, dehnte er den Palast aus.

Das Äußere der Fassade des Palazzo Rucellai gleicht dem des Palazzo Medici. Sie weist ebenfalls drei Geschosse auf und wird von einem wuchtigen Gebälk bekrönt. Auf den vertikalen Gesimsen zwischen den Stockwerken ruhen die feinen Ziersäulen der Fenster. Doch ist der Palazzo Rucellai kleiner und viel eleganter. Die groben Rustika sind durch glatt bearbeitete Steine ersetzt, und die Fassade wird durch eine in jedem Geschoß unterschiedliche, antikisierende Säulenordnung untergliedert. Diese originelle Betonung der Horizontalen als Ausgleich zur vertikalen Wirkung fand in Florenz keine Nachahmer, wofür weniger stilistische als vielmehr ideologische Gründe ausschlaggebend gewesen sein dürften. Florenz verstand sich als Tochter Roms, – des republikanischen Roms wohlgemerkt. Gebildete Florentiner wußten, daß es sich bei den oben geschilderten architektonischen Elementen eindeutig um kaiserliche Motive handelte, wie sie am römischen Kolosseum beziehungsweise an dem auf dem Palatin gelegenen prachtvollen Septizonium zu

49 Fassade des Palazzo della Signoria, Florenz, Baubeginn um 1300.

Die Fotografie zeigt die einstige (im Norden gelegene) Hauptfassade und den wuchtigen Charakter des rechten Bauteils, der für die *palazzi* des 15. Jahrhunderts kennzeichnend wurde.

50 Leon Battista Alberti (?)
Fassade des Palazzo Rucellai,
Florenz, 1455 oder später.

Besonders auffällig ist der
Abbruch des Mauerwerks am
Rand der Fassade, der auf ein
ursprünglich breiter geplantes
Gebäude verweist.

bewundern waren, das man für die Fassade des Kaiserpalastes
hielt (im 16. Jahrhundert zerstört). Die Florentiner betrachteten
es möglicherweise als Verstoß gegen Anstand und Sitte, daß sich
der Bankier Rucellai mit einem römischen Kaiser auf gleicher
Stufe sah.

Der Rucellai-Palast grenzte an einen kleinen, dreieckigen
Platz, um den die Häuser sich derart dicht drängten, daß er kaum
zur Geltung kam. Der winzige Platz wirkte wie eine Erweiterung
des Palastes. Eine in den 50er Jahren errichtete Loggia wurde ein
Jahrzehnt später durch einen Neubau ersetzt (Abb. 51). Solche
Loggien (von denen es im Jahr 1470 rund zwanzig gab) dienten
hin und wieder als Geschäftsräume und waren beispielsweise bei
Hochzeitsfeiern Schauplatz großartiger Prachtentfaltung. Bald
nach der Errichtung der Loggia kam diese Sitte aus der Mode;
das Privatleben spielte sich nun in der Abgeschiedenheit der
Innenhöfe und Gärten ab.

Ein kurioses, gleichwohl aber aufschlußreiches Bauprojekt soll
dieses Kapitel beschließen. Im Jahre 1489 wurde mit großem

Pomp der Grundstein zum Palazzo Strozzi gelegt, der sowohl den Palazzo Medici und als auch den Palazzo Rucellai an Größe übertraf (Abb. 52). Filippo Strozzi (1428–1491) entstammte einer alteingesessenen und angesehenen Florentiner Familie, deren männliche Mitglieder seit 1434 aus der Stadt verbannt waren. Als Filippo, der in Neapel mit Handelsgeschäften zu großem Reichtum gelangt war, schließlich kurz vor seinem Tod die Erlaubnis zur Rückkehr nach Florenz erhielt, wollte er unbedingt seiner Familie im Stadtbild ein Denkmal setzen. In einen offenen Wettbewerb mit den großen florentinischen Familien zu treten, war jedoch ein äußerst gefährliches Unterfangen; Filippo spannte daher auf raffinierte Weise Lorenzo de' Medici für seine Zwecke ein, indem er ihn dazu brachte, sich für den Bau eines prächtigen neuen Palastes einzusetzen, der der Stadt zur Ehre gereichen würde.

Als Filippo starb, wurden die gerade begonnenen Bauarbeiten von der Familie fortgeführt. Der Palast wurde in der Tat ein Schmuckstück Florentiner Baukunst, doch ob sich der Lebensstandard der Familie Strozzi dadurch erhöhte, ist fraglich. Laut

52 Benedetto da Maiano (?)
Palazzo Strozzi, Florenz,
Baubeginn 1489.
Fortgeführt durch Cronaca
(er fügte ab 1530 das Gesims
hinzu).

Weitwinkelaufnahmen und
frühere Beschreibungen vermitteln nur einen unzureichenden
Eindruck von der massiven
Wirkung dieses Bauwerks, das
infolge der engen Straßen fast
nie in seiner Gesamtheit zu
sehen ist.

Überlieferung wohnte Filippos Sohn mit seiner Familie in wenigen Gemächern des *piano nobile* (dem Geschoß mit den prächtigsten Räumen, in diesem Fall dem ersten Stockwerk), während der Rest des Palastes leerstand beziehungsweise als Lager diente. Dies war der Preis für die architektonische Zur-schaustellung der gesellschaftlichen Position.

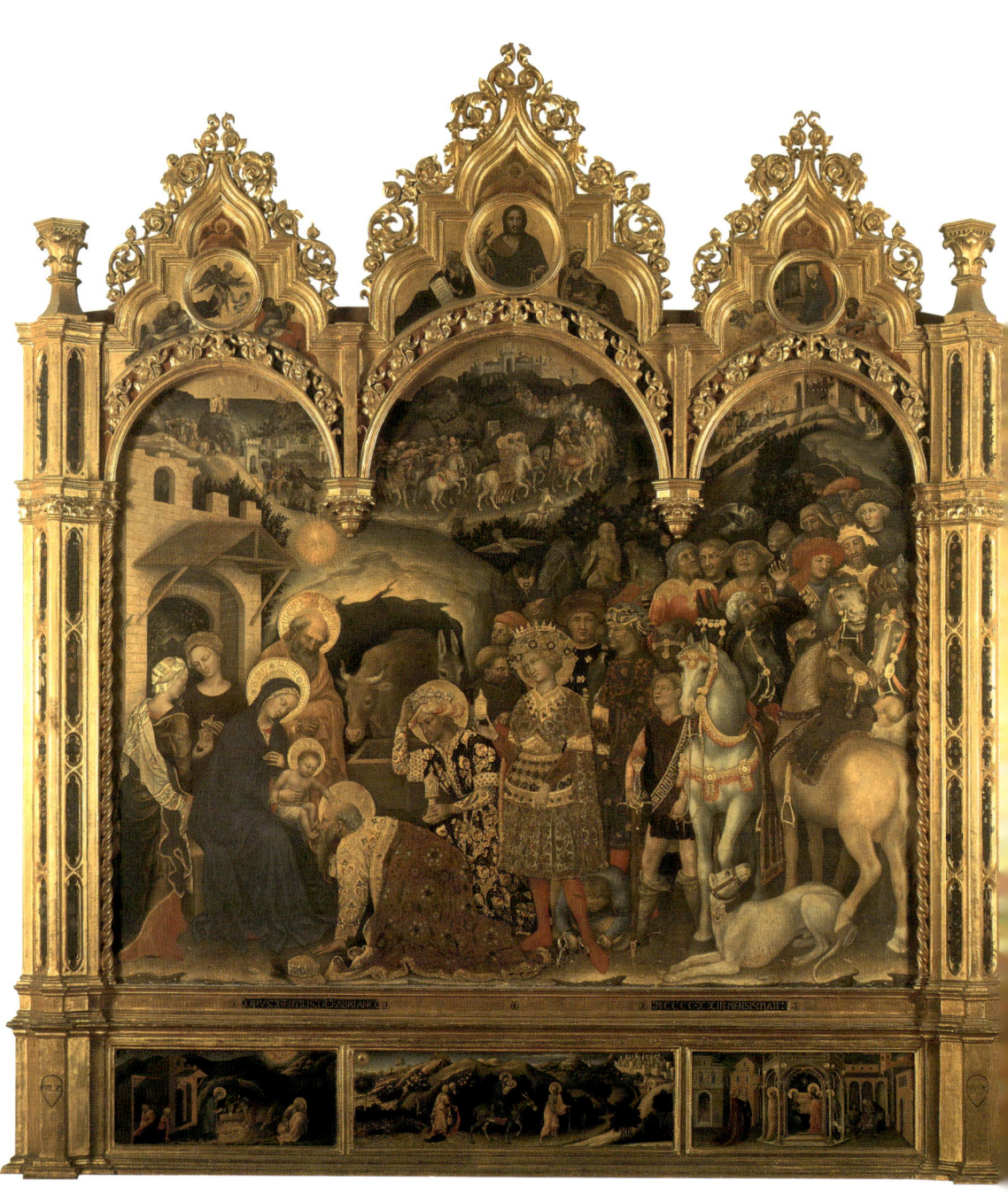

KAPITEL 5

DIE WELT DURCH EIN FENSTER BETRACHTET

53 Gentile da Fabriano,
Die Anbetung der Könige,
1423. Tempera auf Holz,
300 x 325 cm. Uffizien,
Florenz.

Die früher vorherrschende
Lehrmeinung, wonach Gentiles
aristokratischer Malstil im
Gegensatz zur bürgerlichen
Arbeitsweise seines Zeitgenossen Masaccio zu sehen
war, läßt sich angesichts der
gesellschaftlichen Stellung
ihrer jeweiligen Auftraggeber
– der Strozzi und Brancacci –
nicht länger aufrechterhalten.

So sehr die Florentiner das geschriebene Wort schätzten, so wenig interessierten sie sich für die Naturwissenschaften – eine Haltung, die unter anderem auf Petrarca zurückging, demzufolge die Beschäftigung mit Naturwissenschaften nicht klug macht. Zwei wichtige Bereiche – Optik und Perspektive – sind allerdings von dieser ablehnenden Haltung ausgenommen. Da die Künstler seit Giotto zunehmend um eine illusionistische Abbildung der Wirklichkeit bemüht waren, näherten sich Optik und künstlerische Praxis unweigerlich einander an. Dies belegen Ausführungen über die Perspektive in Albertis »De pictura« ebenso wie Passagen über die Optik in Ghibertis »Commentarii«; gleiches gilt für die ausschließlich der Perspektive gewidmeten Studien des Piero della Francesca (Anfang der 20er Jahre des 15. Jahrhunderts bis 1492; Piero stammte aus der Toskana und arbeitete im Jahr 1439 in Florenz, seine berühmtesten Werke sind aber anderenorts, namentlich in Arezzo, zu finden) sowie für die komplexen Notizen, die Leonardo da Vinci gegen Ende des Jahrhunderts anfertigte und die ihrerseits die differenziertesten Überlegungen zu diesem Thema darstellen.

Die Illusion des Raumes

Gegen Ende des 15. Jahrhunderts begann Leonardo da Vinci mit der Konzeption einer Abhandlung über die Malerei. Leonardo zufolge konnte ein Gemälde nur dann gelingen, wenn seine Herstellung klaren Prinzipien folgte, allen voran der Ordnungskraft der Mathematik. In seinen Augen war die Malerei der Philosophie vergleichbar, suchten doch beide den sichtbaren Dingen auf den Grund zu gehen und deren verborgene Strukturen zu erforschen. Leonardo da Vinci sah den Maler als ein gottähnliches Wesen, das wie der Schöpfer mit seiner von Auge und Verstand gesteuerten Hand vom Universum Besitz ergreifen konnte. Über ihre traditionelle Aufgabe hinaus wird die Malerei somit als ein

Medium betrachtet, mit dessen Hilfe man zu neuem Wissen gelangen könne.

Die künstlerische Realität um 1400, als Cennino Cennini in seinem der Praxis verpflichteten Handbuch den Künstler-kollegen altbewährte Ratschläge weitergab, war von derlei Vor-stellungen noch weit entfernt. Die Malerei galt zu dieser Zeit noch als ein von jedermann erlernbares, praktisches Handwerk, und erst später bettete man sie in entsprechende Theorien und eröffnete den Künstlern somit Zugang zu der ihnen bis dahin verschlossenen intellektuellen Welt.

Alberti hatte seine Abhandlung über die Malerei (»De Pictura«) 1435 in lateinischer Sprache verfaßt und sie für die Florentiner Künstler umgehend ins Italienische übertragen. Er war sich vollkommen im klaren darüber, daß er auf eine ›ganz neue Art und Weise‹ über Kunst schrieb, war sein Buch doch weder ein praktischer Leitfaden noch eine Geschichte der Kunst oder der Künstler nach dem römischen Muster von Plinius' »Historia naturalis«. Es handelte vielmehr vom Ansehen und von den Grundsätzen der Malerei als einer an der euklidischen Geometrie orientierten Kunst. Den erbaulich-narrativen Inhalt dieser Kunst, die sogenannte *historia*, vermochten nur charakterfeste sowie gleichzeitig mathematisch und literarisch gebildete Menschen zu vermitteln. Geschickt stellte Alberti einen direkten Zusammenhang zwischen der Malerei und zwei *artes liberales*, nämlich der Geometrie und der Rhetorik, her und steigerte dadurch ihren intellektuellen Status. Indem er schilderte, wie sehr die Malerei den Herrschern und den ein-flußreichen Bürgern der Antike am Herzen gelegen hatte, forderte er für die Maler nicht nur intellektuelle, sondern auch gebührende gesellschaftliche Anerkennung. »De pictura« stellt ein originelles, auf antike Vorbilder – namentlich im Bereich der Rhetorik – zurückgreifendes Werk dar.

Im späteren Kontext (etwa um die Mitte der 30er Jahre des 15. Jahrhunderts) kam Albertis Buch in mehrfacher Hinsicht einem Kuriosum gleich. Während etwa achtzig bis neunzig Prozent der damaligen Gemälde christliche Themen zum Inhalt hatten, hatte Alberti die christliche Kunst ausgeklammert und seine wichtigsten Beispiele der antiken Literatur entnommen. Überdies befaßte er sich mit der Malerei und somit also mit jener Kunstgattung, die damals, von wenigen Ausnahmen – na-mentlich Masaccio – einmal abgesehen, als ein konservatives Handwerk galt, das nur weniger bedeutende Zeitgenossen wie Niccolò di Pietro Gerini, Lorenzo di Niccolo, Bicci di Lorenzo, Mariotto di Nardo, Giovanni da Ponte und andere ausübten, deren Namen heutzutage nur noch Spezialisten geläufig sind. Daß Alberti sich dieser Situation bewußt war, geht aus seiner Widmung an den Architekten Brunelleschi hervor, in der auch drei Bildhauer – Donatello, Lorenzo Ghiberti und Luca della Robbia (um 1400–1482) – sowie ein bereits verstorbener Maler

54 Bicci di Lorenzo und Mitarbeiter, *Verkündigung*, um 1430. Tempera auf Holz, 164,4 x 144,7 cm. Walters Art Gallery, Baltimore.

(Masaccio) erwähnt werden. Die Maler sollten dazu angeregt werden, ihre Kunst zu neuem Leben zu erwecken, indem sie sich gleichzeitig an der Antike und den zitierten Künstlern orientierten, bei denen es sich, von einer einzigen Ausnahme abgesehen, um keine Maler handelte.

Die von Bicci di Lorenzo (1373–1452) und seinen Schülern um 1430 gemalte *Verkündigung* ist für eine Vielzahl damaliger Gemälde repräsentativ (Abb. 54). Das Altarbild, das vor allem zur Andacht anregen und die Gläubigen unterrichten sollte, verschmolz mit dem aufwendig geschnitzten architektonischen Rahmen zu einem Gegenstand heiliger Verehrung. Im Mittelpunkt des Altars steht die Verkündigungsszene, über der David als Vorfahr der Jungfrau Maria Harfe spielt, während drei Szenen in der Predella (dem Unterbau des Altars) zentrale Ereignisse aus dem Leben Mariä zeigen. Um sicherzustellen, daß die Botschaft

auch verstanden wurde, zierte der Künstler z. B. die Heiligen-
scheine der Maria und des Erzengels Gabriel mit Grußworten.

Farbgebung und schwungvolle Linienführung führen die
Tradition des 14. Jahrhunderts weiter, die zu Beginn des 15.
Jahrhunderts in der sogenannten Internationalen Gotik gipfelte.
Farbe und Linie neigen zu dekorativer Flachheit, doch der
bühnenartige Hintergrund zeugt von dem ungebrochenen Streben nach räumlichem Illusionismus. Dieses und viele andere vergleichbare Gemälde stehen im deutlichen Kontrast zu Albertis
Auffassung. Alberti schrieb nicht etwa über die tatsächliche Malerei seiner Zeitgenossen, sondern über eine anzustrebende, aber
sich noch nicht einmal andeutungsweise abzeichnende neue Art
zu malen.

Bei seinen Betrachtungen über illusionistische Räume trennte
Alberti vermutlich nicht zwischen Malerei und Skulpturenrelief.
Er registrierte sicherlich das wachsende Interesse an räumlicher
Darstellung, wovon die Entwicklung zwischen Ghibertis erstem
und letztem Relief für die erste Baptisteriumstür, die verschie-
denen Kastenreliefs mit räumlichem Hintergrund, die Nanni di
Bancos Werkstatt für den Fries unterhalb der *Vier Gekrönten
Heiligen* von Orsanmichele (Abb. 30, S. 59) lieferte, und vor
allem die von Donatello entwickelte neue Technik des Marmor-
reliefs, des sogenannten *rilievo schiacciato* (wörtlich: abgeplattes
Relief), kündeten. Donatello wandte diese Technik erstmals in
seinem unterhalb des *Heiligen Georg* angebrachten Relief vom
Drachenkampf des Heiligen Georg (um 1417; Abb. 55) an. Der
Heilige und sein Roß sind zwar am stärksten herausgearbeitet,
doch auch sie wirken noch verhältnismäßig flach. Das Gebäude
im Hintergrund, die Bäume und die Wolken sind hauchdünn,

als wären sie nicht aus Marmor gemeißelt, sondern nur skizziert. Das Skulpturenrelief nähert sich ganz stark der Malerei an und nimmt eine vergleichbare Entwicklung in der Malkunst vorweg.

Diese leitete in der Mitte der 20er Jahre des 15. Jahrhunderts Masaccio (1401–1428) mit seinen Fresken in der Brancacci-Kapelle von Santa Maria del Carmine ein, der am südlichen Ufer des Arno gelegenen Kirche des Karmeliterordens. Gemeinsam mit Masolino da Panicale (1383–1440) freskierte er dort Szenen aus dem Leben des Heiligen Petrus. Masaccios Fresken scheinen auf den ersten Blick eine grundsätzlich neue Gestaltungsweise zu zeigen, ähnlich wie Donatellos *Evangelist Markus*. Ein Vergleich mit der zeitgenössischen Skulptur ergibt jedoch, daß im *Zinsgroschen* lediglich die Statuen von Orsanmichele in die Malerei übertragen wurden (Abb. 56).

Die zentrale Gruppe des Freskos stellt – mit ihren in antike Togen gehüllten und in eine ernste Unterhaltung vertieften Gestalten – eine erweiterte Variante von Nannis *Vier gekrönten Heiligen* dar (Abb. 29). Die Beleuchtung der kargen Hintergrundlandschaft vermehrt auf fiktive Weise das von rechts durch ein Fenster einfallende Tageslicht. Die im Haupt Christi konvergierenden Fluchtlinien des Gebäudes lenken den Blick auf den in der Ferne liegenden Bergzug, dessen verschwimmende Konturen und verblassende Farben eine nicht vorhandene Raumtiefe vortäuschen.

Masaccios *Zinsgroschen* stimmt – anders als Bicci di Lorenzos Altarbild – weitgehend mit Albertis Ansatz überein. Sein Gemälde nimmt Albertis Konzept der *historia* vorweg. Dieser Begriff wird zwar nirgendwo näher definiert, doch verstand Alberti darunter offensichtlich den narrativen Bildinhalt mit moralisch

belehrendem Unterton. Diese *historia* sollte sich einerseits durch Mannigfaltigkeit auszeichnen, andererseits, so betonte Alberti, »verleiht eine gewisse beschränkte Figurenanzahl einem Bilde in nicht geringem Maße würdevolle Haltung« (Alberti, Drei Bücher, 2. Buch, S. 120). Die Körperhaltung der Figuren sollte Emotionen ausdrücken und den Betrachter zum »Weinen mit den Weinenden, Lachen mit den Lachenden und Trauern mit den Traurigen« anregen (s.o.). Um größtmögliche Wirklichkeitstreue zu erzielen, sollten die Gesichter nach dem Vorbild gemalt werden. Nach Alberti sind Werke der Bildhauerei für den angehenden Künstler die besten Modelle. Schließlich bedurfte eine gelungene *historia* gründlicher Vorüberlegungen und vorbereitender Skizzen.

Das Beispiel des *Zinsgroschen*, eines Gemäldes, das ohne die entsprechenden Neuerungen in der Skulptur undenkbar wäre, belegt eindeutig, daß Alberti seine entscheidenden Anstöße aus dem Kreis der in der Widmung genannten Künstler erhielt. Die Frage, ob Alberti eigene Theorien entwickelte oder nur bereits existierende Werkstattpraktiken zusammentrug, stellt sich vor allem im Zusammenhang mit seinen Ausführungen zur Perspektive.

Entwicklung und Anwendung der Perspektive

Die Linearperspektive ermöglicht die illusionistische Darstellung eines dreidimensionalen Raumes auf einer zweidimensionalen Fläche. Man nehme das Beispiel von pfeilgerade über eine Ebene führenden Eisenbahnschienen. Betrachtet man einen Schienenabschnitt aus der Vogelperspektive, sieht man – so lehrt die Erfahrung –, daß die beiden Schienen stets denselben Abstand haben und folglich absolut parallel verlaufen und daß die Eisenbahnschwellen, auf denen die Schienen montiert sind,

57 Anonym, Idealstadt, spätes 15. Jahrhundert. Öl auf Holz, 124 x 234 cm. Staatliche Museen zu Berlin – Preußischer Kulturbesitz, Berlin.

Aus dem letzten Drittel des 15. Jahrhunderts sind mehrere, von verschiedener Hand gefertigte »Stadtansichten« überliefert. Ihre Zielsetzung ist umstritten. Am sinnvollsten erscheint es, sie mit traditionellen Entwürfen für Bühnenbilder in Zusammenhang zu bringen.

58 Donatello, *Gastmahl des Herodes*, Mitte der 20er Jahre des 15. Jahrhunderts, Bronze, 60 x 60 cm. Baptisterium, Siena.

Die Fluchtlinien (Orthogonalen) vereinigen sich nicht exakt in einem zentralen Punkt. Dies mag daher rühren, daß es bei der Umsetzung des Modells in eine Gußform oder – noch wahrscheinlicher – beim Ziselieren des Bronzereliefs zu Ungenauigkeiten kam.

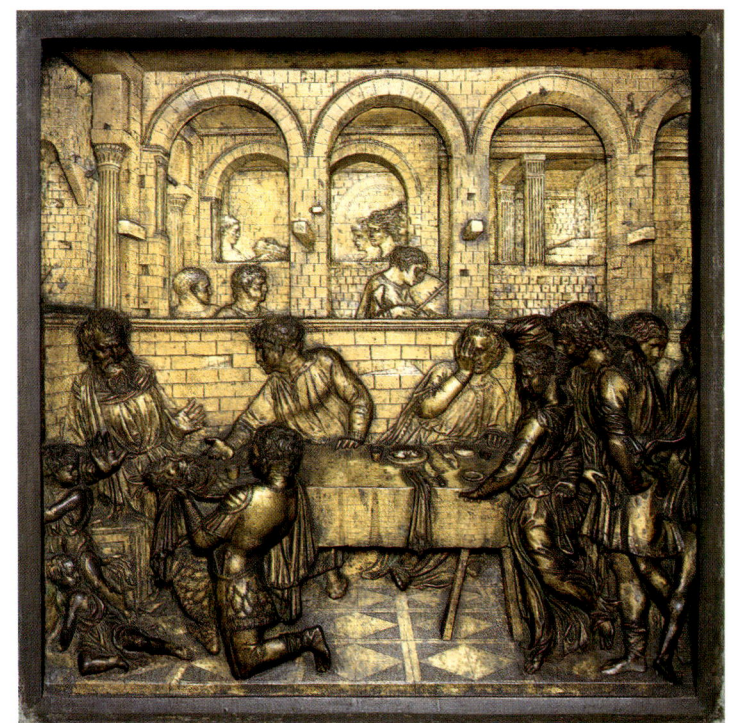

ebenfalls vollkommen regelmäßig und parallel angeordnet sind. Steht man dagegen auf dem Bahngleis und blickt zum Horizont, erliegt man einer optischen Täuschung – man hat den Eindruck, daß die Schienen sich fortlaufend verengen und schließlich in einem Punkt in der Ferne zusammenlaufen. Dieser hinlänglich bekannte Widerspruch zwischen Verstand und Wahrnehmung liegt dem im späten 15. Jahrhundert angefertigten Gemälde einer Idealstadt zugrunde (Abb. 57).

Denkt man sich anstelle von zwei Schienen eine Vielzahl gleichmäßig angeordneter, in einem gemeinsamen Fluchtpunkt zusammenlaufender Linien und legt die quer verlaufenden ›Bahnschwellen‹ so an, daß jeweils zwei ›Schienen‹ und zwei ›Schwellen‹ ein Quadrat bilden, erhält man eben jenes Raster, das der Piazza der Idealstadt zugrundeliegt. Mit Hilfe dieses Rasters kann jeder beliebige Gegenstand innerhalb des fiktiven Raums maßstabgetreu zu einem anderen in Beziehung gesetzt werden. Beträgt beispielsweise der Abstand zwischen zwei Fluchtlinien oder Orthogonalen in der unteren Bildecke 60 cm, kann man mit Sicherheit davon ausgehen, daß auch die Distanz zwischen sämtlichen weiteren Orthogonalen 60 cm beträgt.

Die Entwicklung der Perspektive wird in modernen Darstellungen gewöhnlich in fünf Kapitel unterteilt. Das erste handelt von den im 14. Jahrhundert vor allem in Siena vor der Pestwelle von 1348 unternommenen Versuchen räumlicher Gestaltung,

59 Masaccio, *Trinität*, 1425. Fresko. Santa Maria Novella, Florenz.

bei denen die Fluchtlinien nicht in einem einzigen Punkt, sondern in einer zentralen Achse zusammenliefen. Das zweite Kapitel dreht sich um zwei nicht überlieferte und unterschiedlich – zwischen 1413 und 1423 – datierte Gemälde Brunelleschis, wovon eines eine Ansicht des Baptisteriums aus dem Blickwinkel des zentralen Domportals und eines den Palazzo della Signoria samt der davor gelegenen Piazza von der Einmündung der Via dei Calzaiuoli aus zeigte. Beiden Bildern lag ein System von geraden Linien und Eckpunkten zugrunde. Es handelt sich nachweislich um perspektivisch genaue und – dies ist von entscheidender Bedeutung – maßstabgetreue Darstellungen. Ob die Gemälde anhand exakter Grund- und Aufrisse, mit Hilfe von Spiegelbildern oder eines wie auch immer gearteten Rasters – beispielsweise aus rechtwinklig über den Rahmen gespannten Fäden – oder mittels einer Kombination all dieser Verfahren angefertigt wurden, bleibt umstritten. Der Sinn dieser Demonstrationen wird ebenfalls diskutiert. Möglicherweise stellten sie Illustrationen zu einer Abhandlung über Optik oder über das Handwerk des Architekten dar. Als Lehrstücke illusionistischer-räumlicher Darstellung dürften sie wohl kaum konzipiert worden sein.

Das dritte Kapitel setzt zwischen 1423 und 1427 ein, als Donatello und Masaccio zwei imaginäre Räume schufen. Donatellos *Gastmahl des Herodes*, ein für das Taufbecken des Sieneser Baptisteriums geschaffenes Bronzerelief, entfaltet eine zuvor unbekannte emotionale Intensität. Einige der sich im Vordergrund drängenden Gestalten schrecken entsetzt zurück, als Herodes das Haupt Johannes des Täufers dargeboten wird (Abb. 58). Das Drama spielt sich in einer Folge hintereinander angeordneter Räume ab, deren Orthogonalen allesamt in einer winzigen Fläche zusammenlaufen. Der Rahmen ist zu einem Fenster stilisiert, das Einblick in eine fiktive Welt gewährt.

Masaccios aus derselben Zeit stammendes Trinitätsfresko (mit Gottvater, einer Taube als Symbol des Heiligen Geistes und dem gekreuzigten Christus) täuscht im linken Seitenschiff von Santa Maria Novella einen Wanddurchbruch samt einer dahinterliegenden Kapelle vor (Abb. 59), deren antikisierende Formen der zeitgleich von Donatello bearbeiteten Nische des *Heiligen Ludwig* in Orsanmichele vergleichbar sind (Abb. 33, S. 62). Rechts und links der Kapelle knien zwei Stifterfiguren, innen wird der Gekreuzigte von der Jungfrau Maria und dem Heiligen Johannes flankiert. Dahinter erhebt sich Gottvater. Seine der Bild-

60 Andrea del Castagno, *Abendmahl*, zwischen 1445 und 1450. Fresko, Refektorium von Sant' Apollonia (Castagno-Museum), Florenz.

Der Brauch, die Mauer an der Stirnseite eines Refektoriums (Speisesaal eines Klosters) mit der Darstellung des Abendmahls zu »durchbrechen« und Christus samt seinen Jüngern gleichsam an die Spitze der Klostergemeinschaft zu setzen, beginnt mit Taddeo Gaddi in der Mitte des 14. Jahrhunderts. Im 15. Jahrhundert wurde er von einer ganzen Reihe von Malern aufgegriffen, zu denen Castagno, Ghirlandaio und vor allem Leonardo da Vinci zählen, der das Refektorium von Santa Maria delle Grazie zu Mailand mit einem Abendmahl schmückte.

oberfläche eines Freskos nahekommende Gestalt scheint seltsamerweise gleichzeitig auf dem Sims eines Grabes zu stehen, das die Kapellenrückwand einnimmt. Dieser perspektivische Widerspruch ist wahrscheinlich beabsichtigt. Während die Kapelle dem Betrachter einen realen Raum vortäuschen sollte, entzog sich die Trinität als Verkörperung einer ewigen Wahrheit der Darstellung von einem bestimmten Standpunkt aus. Der illusionistische (und folglich) weltliche Raum wurde daher paradoxerweise zugleich als himmlische Kapelle aufgefaßt, zu der weder der Betrachter noch die Stifterfiguren Zugang haben. Ihre und unsere Existenz ist zeitlich und räumlich definiert. Auf die Endlichkeit unseres Seins verweist uns ein zwischen zierlichen Säulen auf einem fiktiven Altar liegendes Skelett. Darüber befindet sich die Inschrift: »Ich war, was du bist; was ich bin, wirst du sein«.

Ob dem *Gastmahl des Herodes* und der *Trinität* eine gemeinsame Theorie zugrunde lag, ob ihre räumlichen Darstellungen auf dieselbe Weise konstruiert wurden und inwieweit sie mit den Demonstrationen Brunelleschis in Zusammenhang stehen, ist umstritten. Fest steht, daß beide Werke maßgeblichen Niederschlag in Albertis »De pictura« fanden. Das erste Buch des vierten Kapitels enthält eine Einführung in jene Technik, die später als Ein-Punkt-Linearperspektive bezeichnet wurde. Das letzte Kapitel handelt davon, wie Albertis Lehre die zeitgenössische künstlerische Praxis beeinflußte. Dieses Kapitel fällt recht kurz aus, weil Albertis Anleitungen selten wortwörtlich befolgt wurden.

Auch wenn sich eine solche Auffassung heute allgemein durchgesetzt hat, stimmt die dort dargelegte Entwicklungsgeschichte der Perspektive nicht mit den historischen Tatsachen überein, schon allein deswegen nicht, weil sie keineswegs aus dem 15. oder 16. Jahrhundert stammt. Wohl gibt es in dieser Zeit einzelne Beispiele, in denen ein realer Raum durch illusionistische Darstellungen erweitert werden sollte, wie etwa in jenem *Abendmahl*, mit dem Andrea del Castagno ein Refektorium ausschmückte (Abb. 60), oder die von Andrea Mantegna (1431–1506) in der *Camera degli Sposi* des Herzogspalastes von Mantua in illusionistischer Manier aufgemalte Kuppel. Doch verwendete man nicht ein einziges Mal moderne Begriffe wie »fiktiver«, »illusionistischer« oder »perspektivischer Raum«. Selbst geraume Zeit später beschrieb Vasari die Perspektive eher anhand einzelner Gegenstände – eines verkürzt dargestellten Körpers oder architektonischen Elements – als anhand ihrer räumlichen Umgebung. Gegenstände zeichneten sich durch eine klare zeitliche Definition aus und hatten somit Vorrang vor der sie umgebenden Leere. Möglicherweise war ein Raum ohne Gegenstände – von kosmologischen Erörterungen abgesehen – für die damalige Zeit vollkommen bedeutungslos.

Altarbilder waren dazu bestimmt, den feierlichen Hintergrund für die Messe abzugeben und die Gläubigen zur Andacht anzuhalten. Im 14. Jahrhundert kam die Form des Polyptychons auf, dessen einzelne Tafeln in einem mit Blattgold verzierten architektonischen Rahmen zusammengefügt wurden. Jener Altar, den Giovanni del Biondo (aktiv von 1356–1399) im Jahr 1379 für die Rinuccini-Kapelle von Santa Croce anfertigte, ist ein sehr schönes Beispiel für ein solches Polyptychon (Abb. 61). Die mittlere und gleichzeitig größte Tafel zeigt Maria mit dem Kind im Kreis der Tugenden sowie – von links nach rechts – vom Heiligen Franziskus, Johannes dem Täufer, Johannes Evangelista und Maria Magdalena flankiert. Über ihnen sind in kleineren Brustbildern weitere Heilige zu sehen und darüber die frühchristlichen Kirchenväter (Gregor der Große, Ambrosius von Mailand, Augustinus und Hieronymus). Über allem befindet sich eine Kreuzigungsszene. Die Predella zeigt Begebenheiten aus dem Leben der vier Heiligen aus frühchristlicher Zeit. Das gesamte Altarbild gleicht einer Bildergalerie wichtiger Heiliger.

Die Anordnung der einzelnen Personen ist in mehrerlei Hinsicht bemerkenswert. Die unterschiedliche Größe der Gestalten entspricht ihrer Bedeutung: Die Darstellung der vier berühmtesten Heiligen wurden in Florenz und namentlich in Santa Croce besonders verehrt. Altarbilder zeigten keine willkürlich ausgewählten Heiligen, sondern stets solche, die mit der betreffenden Stadt in besonderem Zusammenhang standen, heilige Ordens-

61 Giovanni del Biondo, Rinuccini-Polyptychon, 1379. Tempera auf Holz. Rinuccini-Kapelle, Santa Croce, Florenz.

gründer, die Schutzheiligen einer bestimmten Kirche oder Heilige, denen sich einzelne Personen besonders verbunden fühlten – etwa den Namenspatron eines Kapellen- oder Altarstifters. Die Heiligenfiguren wurden in separaten Feldern gegen einen flachen, vergoldeten Hintergrund abgesetzt. Diese schematische Anordnung ermöglichte es den Kirchgängern, sich in absentia die Heiligen in Erinnerung zu rufen.

Möglicherweise bereits 1426, in einem zerlegten Altar Masaccios, dessen zentrales Gemälde – eine Madonna mit Kind – heute in London aufbewahrt wird, nahm das Polyptychon eine neue Gestalt an. Die meist quadratische Bildfläche zeigte jetzt die Madonna und die Heiligen in einem einheitlichen, nicht mehr in einzelne Felder unterteilten Raum und die in ihrer Größe aufeinander abgestimmten Heiligenfiguren in eine sogenannte *sacra conversazione* vertieft. Die Linearperspektive ermöglichte die Vortäuschung einer räumlichen Anordnung. Die einst stumm und isoliert nebeneinandergestellten Figuren eines Altarbildes wurden künftig in ein gemeinschaftliches Geschehen einbezogen. Der Malermönch Fra Angelico (um 1400–1455) entwickelte das Thema der *sacra conversazione* in den 30er Jahren des 15. Jahrhunderts in einer Serie von Altartafeln fort. Den Höhepunkt bildete das zwischen 1438 und 1440 im Auftrag der Medici für den Hochaltar von San Marco angefertigte Gemälde *Maria mit*

62 Fra Angelico,
Pala di San Marco,
1438–1440. Tempera auf
Holz, 220 x 227 cm. Museo di
San Marco, Florenz.

Der dunkel und unstimmig
wirkende Garten im Hintergrund zeugt von einem
frühen, unsachgemäßen
Restaurierungsversuch.

63 Domenico Veneziano,
Pala di Santa Lucia: *Madonna
mit dem Kind und Heiligen*,
zwischen 1445 und 1447.
Tempera auf Holz,
209 x 216 cm. Uffizien,
Florenz.

Kind, Engeln und Heiligen, darunter Cosmas und Damian (Abb.
62). Die Madonna sitzt mit dem Kind auf einem antikisie-
renden, mit einem kostbaren Tuch verhangenen Thron und wird
von Engeln sowie – von links nach rechts – von den Heiligen
Laurentius, Johannes Evangelista, Markus, Dominikus, Franziskus und Petrus Martyr umringt, die sowohl mit der Stadt als
auch mit dem Dominikanerorden besonders verbunden waren,
dessen neueste Niederlassung San Marco war. Im Vordergrund
knien Cosmas und Damian, die Schutzpatrone der Ärzte und
der Medici. Es handelt sich um eine Epiphanie – die geteilten
Vorhänge geben den Blick auf die heilige Versammlung frei. Die
beiden Diagonalen der stehenden Heiligen sowie die Fluchtlinien des üppig verzierten Teppichs leiten den Blick auf das
zentrale Motiv der Madonna mit ihrem Kind. Bis in die Details
hinein orientiert sich das Gemälde an der Lehre Albertis. Der
Heilige Cosmas am linken vorderen Bildrand schaut geradewegs
dem Betrachter ins Gesicht und deutet gleichzeitig auf die
Madonna. Er fungiert als der von Alberti empfohlene Vermittler,
der den Betrachter in das Bildgeschehen einzubeziehen sucht.
Die Perspektive dient hier nicht nur der visuellen Darstellung,
sondern lenkt zusätzlich die Aufmerksamkeit auf das emotionale
Zentrum des Bildes.

Um 1445 malte Domenico Veneziano (gest. um 1461) ein Fra
Angelico verpflichtetes Altarbild für Santa Lucia, das jedoch

Die Welt durch ein Fenster betrachtet

weniger Figuren enthält (Abb. 63). Die Madonna mit dem Kind thront in einer offenen Loggia, deren Architektur einem ungewöhnlichen Grundriß folgt. Der Vordergrund wird von den Heiligen Franziskus, Johannes dem Täufer, Zenobius und Lucia flankiert. Hier übernimmt Johannes der Täufer die Rolle des Vermittlers im Sinne Albertis, und wiederum wird die Aufmerksamkeit des Betrachters durch perspektivische Mittel in das psychologische Zentrum geführt. Die perspektivische Konstruktion weicht von der Lehre Albertis nur geringfügig ab. Jede Gestalt umgibt ein halbkreisförmiges Segment, das jeweils den Kopf besonders hervorhebt. Eine exakt nach Alberti konstruierte Perspektive würde (nachweislich um einiges höhere) Bogenfelder ergeben und somit den Abstand zwischen den Heiligenköpfen und den sie betonenden Halbkreisen vergrößern. Während Masaccio in seinem Trinitätsfresko die Gesetze der Perspektive aus theologischen Motiven mißachtete, scheint Domenico Veneziano um einer dichteren, strafferen Komposition willen von ihnen abgewichen zu sein. Sein Altargemälde besaß großen Einfluß.

Die Frage nach der Beziehung von perspektivischem Raum und narrativem Inhalt in der Kunst ist jene nach dem Verhältnis von Raum und Zeit. Wir gehen davon aus, daß die innerhalb eines fiktiven Raums geschilderten Ereignisse gleichzeitig ablaufen. Ein einziges Bild kann verschiedene Begebenheiten zeigen – einen predigenden Mönch, einen Mann, der eine Eselsherde über einen Platz treibt, einen Fischhändler, der seine Ware anliefert. Zwischen diesen Ereignissen muß kein logischer Zusammenhang bestehen, doch gehen wir, da sie innerhalb ein und desselben Raumes geschildert werden, wie selbstverständlich davon aus, daß sie zeitgleich stattfinden. Den Künstlern des 15. Jahrhunderts war diese Auffassung vollkommen fremd. Sie huldigten einer alten Tradition, derzufolge zeitlich gestaffelte Ereignisse innerhalb eines einzigen Feldes abgebildet wurden. Masaccios *Zinsgroschen* (siehe Abb. 56) ist ein typisches Beispiel dafür. Laut Matthäusevangelium (Matth. 17,24 ff.) werden Christus und die Jünger auf dem Weg nach Kapernaum um die Entrichtung der Tempelsteuer angehalten. Da sie vollkommen mittellos sind, befiehlt Christus Petrus, an den See zu gehen und einen Fisch zu fangen, in dessen Maul er die benötigte Münze finden werde. Das Wunder geschieht, und Petrus gibt dem Steuereintreiber das Geld.

Masaccios Bild scheint auf den ersten Blick einen bestimmten Augenblick innerhalb dieser Geschichte zu zeigen. Wer die näheren Hintergründe kennt, vermag dagegen verschiedene Zeitstufen auszumachen. Die zentrale Szene zeigt die Forderung des Steuereintreibers und Christi Auftrag an Petrus. Links daneben nimmt der kniende Petrus dem Fisch die Münze aus dem Maul, und ganz rechts gibt er sie schließlich dem Steuereintreiber. Das rechteckige Format des Freskos bietet ausreichend Platz, um alle drei Begebenheiten im Vordergrund abzubilden.

65 Lorenzo Ghiberti,
Die Geschichte Isaaks, Relief
aus der »Paradiestür«.
87 x 87 cm. Vergoldete
Bronze, Baptisterium, Florenz.

Wäre dies nicht der Fall gewesen, hätte es eine andere Lösung gegeben. Der Künstler konnte die einzelnen Ereignisse auch in den
mittels der Linearperspektive definierten und in verschiedene
Felder unterteilten Hintergrund verlegen. Dieses Verfahren
wandte Donatello in seinem *Gastmahl des Herodes* an (Abb. 58),
auf dem im räumlich mehrfach gestaffelten Hintergrund jene
Ereignisse dargestllt sind, die der im Zentrum stehenden Präsen-
tation des Hauptes vorangingen. In der hintersten Szene halten
Scharfrichter das Haupt Johannes' empor, und in der mittleren
Szene wird es in feierlicher Prozession zum Festsaal gebracht.
Das Isaakrelief, welches Ghiberti für die zweite Baptisteriumstür,
die sogenannte Paradiestür (1425–1452) anfertigte, bietet eine
kunstvollere Variante der räumlichen Darstellung aufeinander-
folgender Ereignisse (Abb. 64). Der großzügige Bildraum ist in

sich logisch gegliedert, und die zahlreichen Gestalten stehen in einem plausiblen Größenverhältnis zu den abgebildeten Gebäuden. Wie beim *Zinsgroschen* drängt sich zunächst der Eindruck auf, als handle es sich um gleichzeitige Ereignisse. In Wahrheit wird der zentrale Moment der Geschichte, die Segnung Isaaks durch Jakob, in sieben aufeinanderfolgenden Einzelszenen geschildert, in denen die Protagonisten – Jakob, Isaak, Rebecca und Esau – mehrmals zu sehen sind (Abb. 65).

Bei den angeführten Beispielen handelt es sich um eine weitverbreitete Art, Erzählfolgen darzustellen – eine Technik, die später von einer ganzen Reihe Künstler in berühmten Freskenzyklen verwendet wurde. Der statische Bildraum bildet den Rahmen für die dynamische Darstellung des dramatischen Geschehens. Innerhalb des statischen Raumes entwickelt sich eine dynamische Handlung. Entgegen anderslautender Behauptungen ist dieses Verfahren kein rein mittelalterliches Relikt, sondern nimmt, wie Experimente in Theater, Oper und Kino beweisen, gleichzeitig die Moderne vorweg. All diese aus theologischen, kompositorischen oder erzähltechnischen Motiven vorgenommenen Änderungen der Perspektive liefern Anhaltspunkte dafür, daß die perspektivische Darstellung im 15. Jahrhundert nicht vorrangig der exakten Wiedergabe der »realen« Welt diente.

Perspektivische Darstellung war überdies nur eines von vielen künstlerischen Ausdrucksmitteln und wurde als solches bisweilen eher zu spielerischen Zwekken denn zur »korrekten« Definition der räumlichen Illusion benutzt. Paolo Uccello z. B. war geradezu berüchtigt für die Begeisterung, mit der er sich in das Studium der Perspektive vertiefte, und Vasari erwähnt eine Anekdote, wonach Uccello, mit seiner Frau im Bett liegend, voll Bewunderung, »Dolce prospettiva!« – Welch süße Perspektive! ausgerufen haben soll. Uccello zugeschriebene Skizzen, beispielsweise eines *mazzocchio* (ein hölzerner Rahmen für eine männliche Haartracht) oder eines Kelches, erklären auf beeindruckende Weise, weshalb man ihn für besessen hielt (Abb. 66). Für seine Gemälde trifft dies jedoch nicht zu. Wie in den drei Tafelbildern der (vermutlich für Cosimo de' Medici um 1440–1455 angefertigten) Schlacht von Romano zum Ausdruck kommt, beherrschte Uccello die Perspektive virtuos. Man erkennt dies etwa an den verkürzt dargestellten Pferden und den raffiniert, Orthogonalen gleich, auf dem Boden liegenden Lanzen. Trotzdem wird in diesem Gemälde, auf dem die Pferde farbig leuchten, die Ritter silberne Rüstungen tragen und die Hintergrundlandschaft wie ein Teppich wirkt, wohl niemand etwas anderes als eine Episode aus der Ritterwelt oder in der Perspektive etwas anderes als ein optisches Mittel vermuten (Abb. 67). Uccellos um 1447 gemalte *Sintflut* im Chiostro Verde von

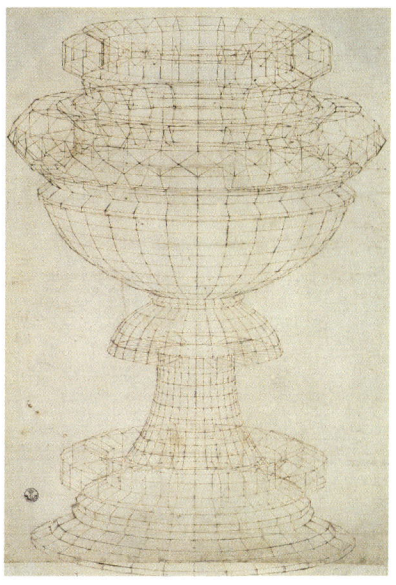

66 **Paolo Uccello** (?)
Perspektivische Darstellung eines Kelchs, 1430 (?). Federzeichnung auf weißem Papier, 29 x 24,5 cm. Gabinetto dei Disegni e delle Stampe, Uffizien, Florenz.

Ob die Uccello zugeschriebenen perspektivischen Zeichnungen wirklich von ihm stammen, läßt sich nicht belegen. Doch stehen sie ganz offensichtlich unter seinem Einfluß.

Oben:
67 Paolo Uccello, *Die Schlacht von San Romano*, um 1440. Tempera auf Holz, 181 x 322 cm, Uffizien, Florenz.

Das Bild ist die Mitteltafel eines dreiteiligen Zyklus. Die beiden anderen Holztafeln befinden sich in Paris und London. Der Zyklus wurde 1440 von Cosimo de'Medici für den alten Palazzo Medici in Auftrag gegeben, um an ein wichtiges Ereignis der Familiengeschichte zu erinnern und ab 1450 für den neuen Familienpalast vollendet.

68 Paolo Uccello, *Sintflut*, um 1447. Fresko. Chiostro Verde, Santa Maria Novella, Florenz.

Die Arche Noah ist zwei Mal abgebildet – links wird sie von der steigenden Flut emporgetragen und rechts empfängt Noah die Taube. Wahrscheinlich symbolisieren die beiden Archen die Wiedervereinigung der Ost- und Westkirche nach dem Konzil von Florenz 1439. Die beeindruckende Figur im rechten Vordergrund ist wohl ein Porträt Cosimo de' Medicis, der das Konzil finanziert hatte.

Santa Maria Novella präsentiert sich vollkommen anders (Abb. 68). Das Ansteigen der Fluten rund um Noahs Arche entartet zu einem gewalttätigen und bestialischen Inferno. Kopfüber scheint die von Sturm und Blitz gepeitschte Welt in einen riesigen Trichter zu stürzen. In diesem seltsam anmutenden, stark visionären Fresko bringt die ungewohnte Perspektive das emotionale Chaos zum Ausdruck. Uccello war nicht der einzige, der die expressiven Möglichkeiten der Linearperspektive nutzte. Für das 20. Jahrhundert liegt das Interesse an Gestalten wie Fra Filippo Lippi (1406–1469) in erster Linie in dessen meisterhafter Erzeugung genau berechneter räumlicher Mehrdeutigkeiten und perspektivischer Effekte begründet.

»Die Welt durch ein Fenster betrachtet« – diese Formulierung stammt aus der Gegenwart. Wohl schrieb Alberti im ersten Buch von »De pictura«: »Vorerst zeichne ich auf die Bildfläche ein rechtwinkliges Viereck von beliebiger Größe, welches ich mir wie ein geöffnetes Fenster vorstelle, wodurch ich das erblicke, was hier gemalt werden soll«, doch könnte es sich bei diesem »geöffneten Fenster« ebensogut um eine bloße Analogie oder um den Beleg für ein neues Weltbild handeln, demzufolge der Betrachter eine subjektive Beziehung zu seinem Kosmos entwickelte. Vielleicht erforscht das Auge einen neuerdings unendlichen Raum. Keine einzige vor 1600 und nur wenige vor der Moderne verfaßte Abhandlungen sehen in der Linearperspektive etwas anderes als ein auf der euklidischen Geometrie, der einzig unumstritten aus der Antike übernommenen Lehre, fußendes technisches Mittel. Die Spekulation über die Perspektive als eine einprägsame Metapher von enormem philosophischem Gehalt setzte erst in der Moderne ein.

Selbstverständlich wußten die Künstler des 15. Jahrhunderts ihren Stil auf geschickte Weise besonderen Aufgabestellungen anzupassen. Nanni di Banco etwa stellte die Märtyrer in Orsanmichel in antikisierender, römischer Manier dar, um gleich anschließend am Dom eine Portalskulptur in gotischem Stil zu vollenden. Uccello bediente sich der Perspektive zur verspielten Schilderung einer Ritterepisode und nutzte sie gleichzeitig, um auf fesselnde Weise eine Katastrophenstimmung darzustellen.

1459 malte Benozzo Gozzoli (1420–1497) im Auftrag von Piero de' Medici die kleine Kapelle im neuen Palazzo Medici aus (Abb. 69 und 70). Er sollte den Zug der Heiligen Drei Könige freskieren, die der auf dem freistehenden Altargemälde dargestellten Madonna mit ihrem Kinde huldigten – das Bild war die Kopie eines Gemäldes von Fra Filippo. Benozzo Gozzoli orientierte sich an Gentile da Fabrianos (1370–1427) *Anbetung der Könige*, einem Altarbild, das dieser 1423 kurz vor der Freskierung der Brancacci-Kapelle angefertigt hatte (Abb. 53). Gentiles festliches, aristokratisches Gefolge zeigt in leuchtenden Farben und unter Verwendung von viel Blattgold Pferde mit kostbaren Schabracken, prachtvolle Brokatgewänder und exotische Tiere.

Benozzo Gozzoli wählte – zweifellos auf Wunsch von Piero de' Medici – einen erlesenen und intimen Stil, der für die öffentlichen Gebäude einer Republik undenkbar gewesen wäre. Unter Betonung der Flächigkeit übertrug er Gentile da Fabrianos Visionen auf die Kapellenwände. Die Prozession zeigt unzählige Porträts, darunter solche von Mitgliedern der Familie Medici, während die im Hintergrund zu sehenden Zypressen und Villen an das hügelige Umland von Florenz erinnern, in das sich die vornehmen Familien im Sommer zurückzogen.

Sechs Jahre später malte Benozzo Gozzoli den Chor von San Agostino in San Gimignano mit Szenen aus dem Leben des heiligen Augustinus aus. Das Fresko, das zeigt, wie Augustinus von den Eltern in Tagaste auf die Schule gebracht wird, unterscheidet sich grundlegend von denen der Medici-Kapelle. Die aufwendige, stark perspektivische Stadtansicht sucht sich über die flache Wand hinwegzusetzen – ein Unterschied, der sich nicht etwa durch einen stilistischen Wandel des Künstlers, sondern durch den anderen Bestimmungsort der Malerei erklärt (Abb. 71). Im 14. Jahrhundert bildete sich eine Tradition heraus, wonach narrative Freskenzyklen in Kirchen und Kapellen in eine Reihe fiktiver Räume einbezogen wurden, in denen sich die Handlung entwickelte – ein Konzept, das Masaccio und Masolino in der Brancacci-Kapelle sowie andere Künstler in der Folgezeit aufgegriffen. Diese Darstellungsweise war sowohl Benozzo Gozzoli als auch seinem Auftraggeber bestens vertraut.

So wie die Künstler ihre Arbeitsweise der jeweiligen Aufgabe anpaßten, zeigten sich auch ihre Auftraggeber in Fragen des Geschmacks flexibel. Ein Jahr nachdem Piero de' Medici die Ausmalung der Kapelle in Auftrag gegeben hatte, ließ er für einen großen Raum seines Palastes auf drei riesigen Tafeln die *Großtaten des Herkules* verewigen. Die von Antonio del Pollaiuolo

Oben:
71 Benozzo Gozzoli,
*Augustinus wird von seinen Eltern in Tagaste zur Schule
gebracht*, 1465. Fresko. San Agostino, San Gimignano.

Links:
72 Antonio del Pollaiuolo,
Herkules und die Hydra, nach 1460. Öl auf Holz, 16 x 10,5 cm.
Uffizien, Florenz.

Pollaiuolo stellte – etwa in seinem bemerkenswerten Kupferstich
Kampf der nackten Männer – als erster unbekleidete Männerge-
stalten dar. Neben Andrea Mantegna führte vor allem Pollaiuolo
die Kunst des Kupferstiches in Italien ein, die eine logische
Fortsetzung seiner Ausbildung als Goldschmied darstellte.

73 Leonardo da Vinci,
Anbetung der Könige,
1481–1482, Untermalung auf
Holz, 243 x 246 cm. Uffizien,
Florenz.

angefertigten Gemälde sind nicht überliefert, doch sind zwei kleinere Bilder des Künstlers erhalten, die ihnen sehr nahe kommen, sofern es sich nicht sogar um Kopien handelt (Abb. 72). Vor dem Hintergrund des Arnotals zeigen sie nackte, kämpfende Gestalten mit kräftigen, bis zum Zerreißen angespannten Gliedern. Dem mythologischen Motiv entsprechend, wurde eine heidnisch anmutende Darstellungsweise gewählt. Benozzo Gozzoli und Antonio del Pollaiuolo zeichneten sich durch völlig unterschiedliche Stile aus, doch war Piero de' Medici wohl bewußt, daß verschiedene Themenstellungen und Bestimmungsorte auch unterschiedliche künstlerische Lösungen erforderten.

Am Anfang und am Ende dieses Kapitels steht Leonardo da Vinci. Er befaßte sich sehr früh mit der Zeichenkunst, aber erst relativ spät mit der Malerei. Sein künstlerischer Durchbruch erfolgte mit jener *Anbetung der Könige,* die er bei seiner Abreise nach Mailand im Jahr 1481 oder 1482 unvollendet zurückließ (Abb. 73). Dieses Bild nimmt in vielerlei Hinsicht jene bemerkenswerten Gedanken über die Malerei vorweg, die er erst in den 90er Jahren des 15. Jahrhunderts niederschrieb. Sie wiesen der Malkunst eine neue, wissenschaftliche Rolle zu: Malerei im Dienste wissenschaftlicher Erkenntnis und deren Vermittlung. Diese moderne Entwicklung bahnte sich allerdings nicht unmittelbar in Florenz an, sie nahm vielmehr ihren Anfang in Norditalien und Deutschland.

KAPITEL 6

KIRCHLICHE UND SÄKULARE LEBENSFORMEN

In Florenz gab es zwei dominierende Formen sozialer Gemeinschaften: die Großfamilie und die klösterliche Ordensgemeinschaft in Männer- oder Frauenklöstern, die ebenfalls eine Art Familie darstellte und deren Mitglieder oft ein Leben lang zusammenblieben. Zwischen beiden ›Familientypen‹ bestanden allenfalls graduelle Unterschiede – beide besaßen eigene häusliche Rituale und setzten Kunstwerke zu erbaulichen und didaktischen Zwecken ein.

Alberti verglich das Kloster mit einer Festung. Beide verfügten, wie er meinte, über einen befestigten Mauerring, mit dessen Hilfe genaue Kontrollen möglich waren. Innerhalb der Mauer lebte eine Gemeinschaft, in der der Wille des einzelnen hinter dem Gemeinwohl zurückzustehen hatte. Viele Schriftsteller und Gelehrte des 15. Jahrhunderts bewunderten das Klosterleben um seiner klaren Organisation willen, wie sie auch in einer Idealstadt vorherrschen sollte.

San Marco

Am 6. Januar 1443, dem Dreikönigstag, führte Papst Eugen IV. (1431–1447) eine feierliche Prozession nach San Marco an, um die neue Klosterkirche und das neu erbaute Konventsgebäude zu weihen. Die Prozession endete vor dem Hochaltar mit Fra Angelicos *Christus als Weltenherrscher*, dem die weltlichen Könige huldigen. Für den Neubau der Klosteranlage von San Marco war Cosimo de' Medici aufgekommen, der – glaubt man seinem Biographen Vespasiano de' Bisticci – mit dieser Geste von seinem zweifelhaften Finanzgebaren ablenken wollte. Im Jahre 1436 war die verwaiste Liegenschaft dem Dominikanerorden übertragen worden. Als Architekt wurde Michelozzo di Bartolomeo bestellt, der bald darauf den Palazzo Medici errichtete, während Fra Angelico, der Malermönch, dessen Mutterkloster San Domenico in Fiesole war, zwischen 1438 und 1452 die neuen Gebäude aus-

74 Michelozzo di Bartolomeo, Erster Kreuzgang, um 1438. San Marco, Florenz.

117

75 **Fra Angelico**, *Der Heilige Dominikus beweint den gekreuzigten Christus*, nach 1442. Fresko. Erster Kreuzgang von San Marco, Florenz.

malte. Die Dominikaner von San Marco strebten – als Reformorden – getreu den Idealen ihres Ordensgründers vor allem eine Erneuerung des Armutsgelübdes an. Die Brüder widmeten sich weniger gelehrten Studien, wie sie in einigen anderen Konventen betrieben wurden, als vielmehr dem Gebet und der Seelsorge. Die karge Ausstattung des Klosters umfaßte ausschließlich die zu einer frommen Lebensführung nötigen Dinge. Sowohl die einzelnen Ordensbrüder als auch die klösterliche Gemeinschaft selbst hatten sich der Jungfrau Maria und Christus, ihrem Lehrer und geistigen Begleiter, verschrieben.

Das Klosterleben verlief Tag für Tag nach demselben Ritual. Die kanonischen »Stunden« – festgesetzte Tages- und Nachtzeiten, zu denen man die Messe las, Hymnen sang, Psalmen aufsagte und aus der Heiligen Schrift vorlas – wurden sorgfältig eingehalten.

Vom ersten halböffentlichen Kreuzgang von San Marco (Abb. 74) gelangte man in einen Kapitelsaal, in dem Geschäfte getätigt und Pilger beherbergt wurden. Die Fresken im Kreuzgang hielten Mönche und Besucher gleichermaßen dazu an, sich angemessen zu betragen. Ein Fresko oberhalb des Eckportals gegenüber der Eingangstür zeigt den Heiligen Dominikus, wie er die blutenden Füße des Gekreuzigten beweint (Abb. 75). Die Bogenfelder über den anderen Türen stellen Christus als Schmerzensmann dar, den Heiligen Thomas von Aquin mit einem aufgeschlagenen Buch und den Heiligen Petrus Martyr, der mit seinem Zeigefinger Schweigen gebietet. Im Kapitelsaal an der nördlichen Kreuzgangseite empfing man Besucher, unterwies Novizen, regelte die häuslichen Angelegenheiten und nahm bestimmte Zeremonien – wie etwa die Fußwaschung – vor. Den Raum beherrschte eine Kreuzigungsszene, die weniger narrativ angelegt ist, sondern eher einer statisch wirkenden Versammlung von Heiligen gleicht (Abb. 76). Links sind die Heiligen Cosmas

76 Fra Angelico, *Kreuzigung*, 1441–1442. Fresko. Kapitelsaal, San Marco, Florenz.

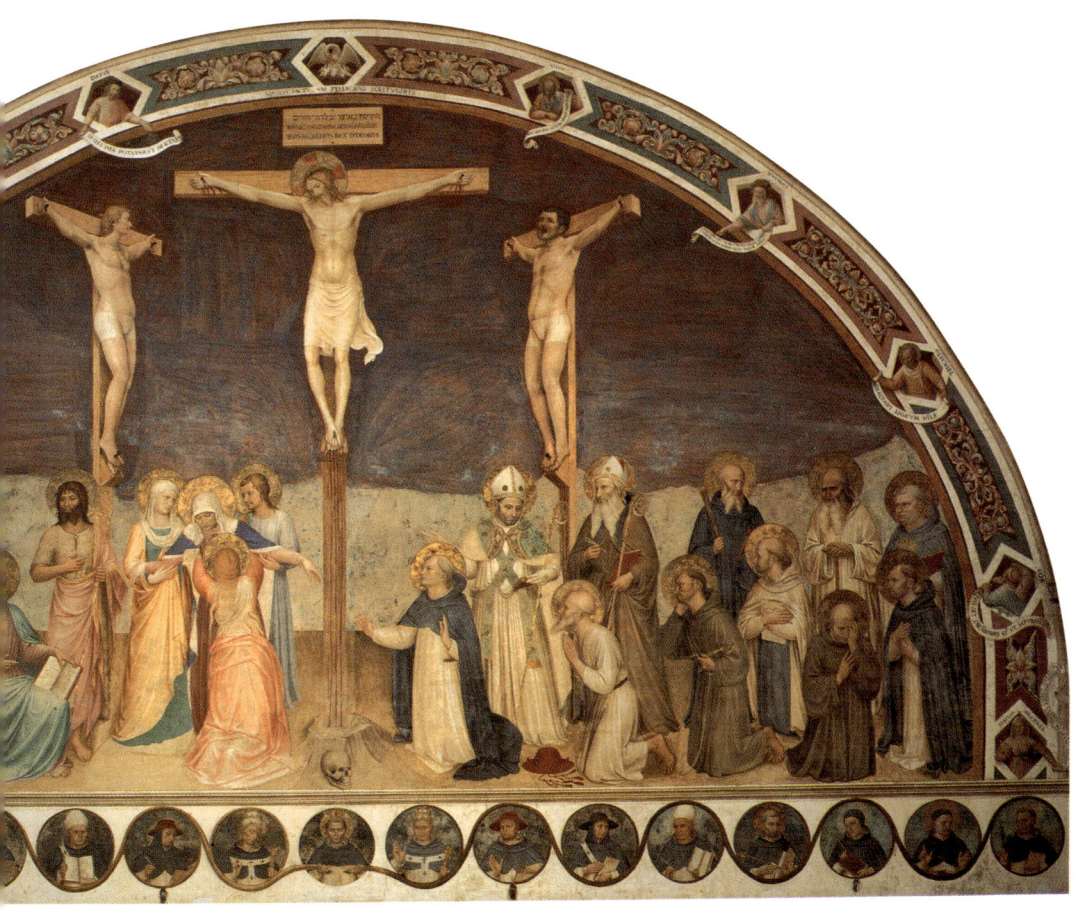

und Damian, die Schutzpatrone der Medici, der Heilige Laurentius als Namenspatron von Cosimos Bruder, der Kirchenpatron Markus sowie Johannes der Täufer zu sehen. Rechts vom Kreuz führt der Heilige Dominikus einen Zug von Bischöfen und Ordensgründern an. Das Auge des Betrachters wird durch keinerlei dekorative Elemente abgelenkt – das Fresko dient ausschließlich der Kontemplation.

Im Obergeschoß liegen die zur Klausur gehörenden Mönchszellen, zu denen die Bevölkerung erst bei der Auflösung des Klosters im 19. Jahrhundert Zutritt erhielt. Die den Treppenaufgang zierende Darstellung der *Verkündigung* – jenes Inkarnationswunders, mit dem die Heilsgeschichte begann – rief den tagtäglich vorbeikommenden Brüdern die göttliche Wahrheit in Erinnerung (Abb. 77). Die Zellen lagen an drei Korridoren; über dem Pilgerhospiz befanden sich die Zellen der Novizen, die jeweils eine stark vereinfachte Darstellung des Gekreuzigten und des Heiligen Dominikus im Gebet enthielten. Die Fresken, die Fra Angelico für die Zellen der Novizen gestaltete, illustrieren einen religiösen Zyklus aus dem 13. Jahrhundert, der unter dem Titel »De modo orandi« die neun vom Heiligen Dominikus empfohlenen Arten des Gebets schilderte. Ebenso wie die Ausmalung der übrigen Zellen sollten sie als visuelle Stimuli das geschriebene Wort ergänzen oder gar ersetzen. Im Ostflügel befanden sich die jeweils mit einem Ereignis aus dem Leben Christi oder

77 Fra Angelico,
Verkündigung, nach 1450. Fresko, Dormitorium von San Marco, Florenz.

Neben einem weiteren, Maria im Kreise von Heiligen zeigenden Fresko (vor dem die Mönche vermutlich ihr Morgengebet verrichteten), dürfte dieses Fresko als eines der letzten angefertigt worden sein. Zunächst schienen sich sämtliche Frömmigkeitsübungen auf das Innere der Mönchszellen zu konzentrieren und erst allmählich auf die Gemeinschaftsräume der Korridore überzugreifen.

der Jungfrau Maria freskierten Zellen der regulären Brüder. In der *Verspottung Christi* beispielsweise wird der mit einer Augenbinde versehene Christus von symbolischen Händen geschlagen und von einem Haupt angespuckt (Abb. 78). Die Jungfrau Maria und der Heilige Dominikus sitzen davor und denken offensichtlich über die Bedeutung dieser gewalttätigen Szene nach, wie dies auch der Bewohner der Mönchszelle im Rahmen seiner eigenen *imitatio Christi* tun sollte. Diese Fresken trugen dazu bei, daß die Brüder sich die Heilsgeschichte nicht nur in Worten, sondern auch in anschaulichen Bildern bzw. Bildsequenzen einprägten.

Im Nordflügel wohnten die Laienbrüder von San Marco, zu denen auch Cosimo de' Medici gehörte. Seine Doppelzelle, in der private Messen gelesen werden konnten, schmückte ein von Benozzo Gozzoli (?) stammendes Fresko der *Anbetung der Könige*, ein sehr sinniges Motiv, wenn man berücksichtigt, daß sich die »Confraternità dei Magi« der besonderen Gunst der Medici erfreute. Daß einzelnen Laien eine eigene Zelle innerhalb eines Klosters zur Verfügung stand (Cosimos Sohn Piero genoß in Santa Annunziata dasselbe Privileg) war selten – ebenso wie nur wenige Privathäuser eine Kapelle besaßen, für die ein päpstlicher Dispens erforderlich war. Aber die Medici waren schließlich keine gewöhnlichen Bürger.

Die städtische Wohnkultur

Die Einrichtung eines Klosters unterschied sich nur in geringem Maße von der eines Privathauses. Ein Haus – die *casa* – war mehr als ein bloßes Gebäude. Es verkörperte die Tradition und die Abstammung einer Familie, die in Totenmessen das Andenken ihrer Vorfahren ehrte. Die Familie war die Keimzelle der Gesellschaft und bürgte als solche für Zusammenhalt und Kontinuität. Das Haus fungierte als greifbares Symbol des Familiennamens. Über die Einrichtung des Hauses konnte nicht etwa willkürlich verfügt werden – man reichte sie von Generation zu Generation weiter. Waren die florentinischen Häuser um 1400 offensichtlich nur mit lebensnotwendigen Dingen ausgestattet, so wiesen sie um 1500 bereits eine Reihe von Luxusgütern auf, die großenteils keinem praktischen Zweck mehr dienten. Dieser Wandel läßt sich auf eine ganze Reihe von Faktoren zurückführen, unter denen vor allem die nachlassende Investitionsbereitschaft in Handel und Gewerbe und die Tatsache, daß die persönliche Habe von der Besteuerung ausgenommen wurde, ausschlaggebend gewesen sein dürften. Die Ausbildung des »Reichs der Dinge« – diese Formulierung stammt von einem Wirtschaftshistoriker – war ein wesentlicher Grundzug des Zeitalters. Leider ist keine Inneneinrichtung eines florentinischen Hauses aus dem 15. Jahrhunderts im Originalzustand erhalten, doch lassen sich einige Anmerkungen zur Wohnkultur des 14. Jahrhunderts machen, die auch noch im nachfolgenden Jahrhundert galten (Abb. 79). Im Erdgeschoß der meist dreistöckigen Häuser waren Läden und/oder Lagerräume untergebracht. Im darüberliegenden Geschoß, dem *piano nobile*, lagen großzügige Repräsentationsräume, in denen man Gäste empfing. Die Wohntrakte boten vergleichsweise geringe Rückzugsmöglichkeiten, u.a. auch, weil es keine Korridore gab. In der Regel gruppierten sich die Schlafgemächer um einen engen Innenhof, der zunächst vor allem als Lichtquelle diente und erst in späteren Zeiten weitläufigere Dimensionen erhielt, um etwa ebenfalls festlichen Zwecken zu dienen.

Der Palazzo Datini in Prato – unweit von Florenz – und der frühere Palazzo Davizzi (heute Palazzo Davanzati) in Florenz geben Einblicke in die Wohnkultur des 14. Jahrhunderts. Die zentralen Gemächer waren mit Wandbehängen beziehungsweise Wandteppiche imitierenden Fresken ausgemalt, die sowohl abstrakt-geometrische als auch landschaftliche Motive enthielten.

79 Palazzo Davanzati, Mitte 14. Jahrhundert (?). Florenz.

Die Loggia im Dachgeschoß wurde erst später hinzugefügt.

Der Palazzo Davanzati besitzt einen Freskenzyklus, der einer höfischen Legende der Castelaine de Vergi aus dem 13. Jahrhundert entlehnt ist. Er handelt von den Versuchungen der Keuschheit und Treue (Abb. 80) und mahnt zur Tugendhaftigkeit.

Diese Botschaft richtete sich in erster Linie an Frauen und Kinder. Wie der zwischen 1314 und 1316 schreibende Francesco da Barberino ausführte, sollten lediglich Frauen aus vornehmem Hause oder solche, die für ein Kloster bestimmt waren (und überwiegend ebenfalls den oberen Gesellschaftsschichten entstammten), lesen und schreiben lernen. Eine Frau sollte sich durch Schüchternheit auszeichnen, nur selten in die Öffentlichkeit gehen und in Gegenwart von Männern nie von sich aus

Folgende Seiten:
80 Anonym,
Schlafgemach im Palazzo Davanzati, 1390. Fresko, Florenz.

81 Domenico Veneziano,
Maria mit Kind und Heilige,
zwischen 1432 und 1437.
Tempera auf Holz,
86 x 61,5 cm. Sammlung
B. Berenson, Villa I Tatti,
Settignano bei Florenz.

das Wort ergreifen. Allem Anschein nach maß man in den darauffolgenden Jahrzehnten weiblicher Bildung größeren Wert bei – immerhin stellten die Florentiner Frauen einen beachtlichen Teil der gebildeten Elite.

Der Mann vertrat die Familie nach außen, während die Ehefrau für die private Sphäre (des Haushaltes) zuständig war. Eine Passage aus Albertis vermutlich in den frühen 30er Jahren des 15. Jahrhunderts verfaßtem Werk »Della famiglia« ist höchst aufschlußreich, auch wenn fraglich bleibt, inwieweit die beschriebene Situation als repräsentativ gelten kann. Ein frischgebackener Ehemann berichtet:

»Sobald meine Frau binnen wenigen Tagen anfing, sich in meinem Haus heimisch zu fühlen und die Sehnsucht nach der Mutter und ihren Angehörigen nicht mehr so heftig war, nahm ich sie an der Hand, führte sie herum und zeigte ihr das ganze Haus..., und so blieb im ganzen Haus kein Gerät, von dem die Frau nicht sah, wo es aufbewahrt würde, und erfuhr, wozu es diente. Zuletzt kehrten wir in mein Zimmer zurück, und da zeigte ich ihr bei verschlossener Tür die Wertsachen, das Silberzeug, die Gobelins, die Gewänder, die Edelsteine, und wo all dies an seinem Platz aufbewahrt würde...

Einzig die Bücher und meine sowie meiner Vorfahren Schriften gefiel mir sowohl damals als auch später immer dergestalt eingeschlossen zu halten, daß meine Frau sie nicht nur nicht lesen, sondern nicht einmal zu Gesicht bekommen konnte. Stets habe ich die Schriften nicht in den Ärmeln des Gewands getragen, sondern nach ihrer Ordnung in meinem Studierzimmer aufgestellt gehabt, wie etwas Heiliges und Ehrwürdiges.« (Leon Battista Alberti, Della famiglia. Übersetzt von Walther Kaus, eingeleitet von Fritz Schalk, Zürich 1962. III, S. 283f.)

Heiratspolitik gehörte in Florenz zu den wichtigsten Geschäften. Eine Eheschließung konnte sowohl eine Steigerung als auch eine Minderung des Familienansehens nach sich ziehen und sich somit finanziell, gesellschaftlich und politisch niederschlagen. Ehebündnisse waren viel zu wichtig, um sie von romantischen Launen abhängig zu machen und wurden daher zwischen den Familien ausgehandelt. Die Familie der Braut hatte eine Mitgift zu stellen, die sich aus der Aussteuer und einer stattlichen – die gesellschaftliche Position der Familie dokumentierenden, oft in

Raten zu zahlenden – Geldsumme zusammensetzte. Die Familie des Bräutigams finanzierte meist – auch wenn sie nicht dazu verpflichtet war – , ebenfalls eine Aussteuer (schließlich trug die Frau mit kostbaren Gewändern die Wohlhabenheit des Mannes zur Schau) sowie Einrichtungsgegenstände.

An heutigen Maßstäben gemessen, war die rechtliche Stellung der Frau sicherlich geradezu trostlos. Und zu der interessanten Frage, wie sich das Leben einer Frau außerhalb der gesetzlich geregelten Sphäre gestaltete, gibt es kaum Quellen. Viele von ihren Familien zusammengeführte Ehepartner empfanden mit der Zeit aufrichtige Liebe füreinander und pflegten einen fürsorglichen Umgang. Die weibliche Verwandtschaft des Mannes bot der Braut ihre Freundschaft an, indem sie sie mit Ringen beschenkte.

Die Einrichtung des Hauses stammte zum Teil aus der Mitgift, wurde jedoch überwiegend vom Bräutigam in die Ehe eingebracht. Häufig wohnte das junge Paar die erste Zeit im Elternhaus des Bräutigams und mußte daher allenfalls eine bestehende Einrichtung ergänzen. Albertis Schilderung zufolge verlief quer durch das Haus eine strikte Trennungslinie: Die Gemächer des Mannes waren dessen Allerheiligstes, während die Frau für alle Belange des Haushaltes zuständig war. Inwieweit Mann und Frau gemeinsam über Anschaffungen für den Haushalt entschieden, muß dahingestellt bleiben.

Religiöse Abbildungen spielten in einem Florentiner Haushalt eine wichtige Rolle. Anfang des 15. Jahrhunderts empfahl der Dominikaner Giovanni Dominici (1357–1419), Kinder durch Bilder, Statuen und geeignetes Spielzeug frühzeitig religiös zu erziehen. Bereits kleine Kinder sollten das Jesuskind und die Muttergottes verehren, heranwachsende Mädchen sollten sich weibliche Heiligenfiguren zum Vorbild nehmen. Giovanni Dominici riet sogar, den Kindern einen Spielaltar zu überlassen, damit sie (wohl in erster Linie die Jungen) im Spiel einen Priester beim Messelesen nachahmen könnten.

Darstellungen Christi und der Jungfrau Maria waren in den Florentiner Häusern allgegenwärtig. Manche enthielten sogar in jedem Raum Bildnisse, deren Qualität teilweise an Domenico Venezianos *Maria mit Kind und Heilige* aus der Mitte der 40er Jahre des 15. Jahrhunderts (Abb. 81) oder Luca della Robbias gla-

82 Luca della Robbia,
Madonna della Mela, um 1460. Glasierte Terrakotta, 70 x 52 cm. Museo Nazionale del Bargello, Florenz.

Möglicherweise fertigte Lucca della Robbia das Madonnenbildnis im Auftrag der Medici.

sierter Terrakotta zum gleichen Thema (in der sich das mil-
chigweiße Fleisch gegen den blauen Himmel abhebt; Abb. 82)
heranreicht. Viele Tonreliefs (eine Spezialität von Donatellos
Werkstatt), kleine Marmorreliefs und schlichtere Metallarbeiten
waren für den häuslichen Gebrauch bestimmt.

Die *cassone* – eine massive Holztruhe zur Aufbewahrung von
Gewändern – war ein wichtiges Möbelstück, das oft paarweise
und aus Anlaß einer Hochzeit angefertigt wurde (Abb. 83). Zu
Vasaris Zeiten waren diese Truhenmöbel offensichtlich bereits

unmodern geworden. Er berichtet, daß man früher riesige, sarkophagähnliche Holztruhen in den Gemächern aufstellte, deren Schauseiten Motive aus den Fabeln Ovids und anderen Werken, Ereignisse aus der griechischen und römischen Antike, Jagdszenen, Turnierwettkämpfe und Liebesszenen zeigten. Zugunsten dekorativer Beigaben verzichtete man auf eine räumliche Gestaltungsweise. Die Ecken der Truhe waren entweder mit weiteren Episoden oder mit dem Familienwappen verziert, während die Innenseite des Deckels mit Liebesszenen

83 Apollonio di Giovanni, Turnierszene, zwischen 1450 und 1465. Tempera auf Holz, 103 x 203 cm.
Das Gemälde ziert die Front einer *cassone*. National Gallery, London.

84 Apollonio di Giovanni
und **Marco del Buono**
Giamberti, *Die Geschichte*
von Esther, zwischen 1450
und 1455. Tempera auf Holz,
44,4 x 140,6 cm. Metropolitan
Museum of Art, New York.

Dieses Gemälde schmückte
ebenfalls die Vorderseite einer
cassone.

oder – in Anspielung auf die in der Truhe aufbewahrten Gewänder – mit Imitationen kostbaren Tuches bemalt waren.

Die Truhendekoration hatte in der Regel ein zentrales Ereignis aus der Zeit der Eheschließung – beispielsweise ein Turnier oder eine Schlacht – oder die Hochzeitsfeierlichkeiten selbst zum Gegenstand. Daneben nahmen idealisierende Darstellungen von Tugenden wie Tapferkeit, Treue oder weiblicher Keuschheit breiten Raum ein. In der Werkstatt von Apollonio di Giovanni und Marco del Buono Giamberti, die sich auf die Bemalung von Möbelstücken spezialisiert hatten, wurde zwischen 1450 und 1465 eine *cassone* mit der alttestamentlichen Geschichte Esthers geschmückt (Abb. 84). Das – von links nach rechts entwickelte – Geschehen hat eindeutig das damalige Florenz mit einem an den neuen Palazzo Medici erinnernden Gebäude und einer Loggia, wie Giovanni Rucellai sie errichten ließ, zum Hintergrund (siehe Abb. 51). Die überaus dekorative, viel Gold enthaltende Bemalung sollte die Braut gleichzeitig dazu anhalten, ihre Lebensweise nach dem biblischen Vorbild auszurichten.

Wenn auch kein komplettes Interieur aus dem Florenz des 15. Jahrhunderts erhalten ist, vermitteln doch zahlreiche Gemälde – etwa Domenico Ghirlandaios (1449–1494) Fresko *Geburt Mariä* aus den Jahren zwischen 1486 und 1490 – Einblick in das Innere eines Florentiner Palazzo (Abb. 85). Die Holzvertäfelung unterhalb des Skulpturenfrieses weist *intarsia* – Holzeinlegearbeiten – auf. Holzverkleidungen dienten auch häufig als Rahmen für sogenannte *spalliere* (Gemälde in Schulterhöhe, von *spalle* –

85 **Domenico Ghirlandaio**, *Geburt Mariä*, 1486–1490. Fresko, Chor von Santa Maria Novella, Florenz.

Das vorliegende Bild stammt aus einer großen Reihe von Fresken im Chor von Santa Maria Novella, die Szenen aus dem Leben der Jungfrau Maria und Johannes des Täufers wiedergeben und die Domenico Ghirlandaio im Auftrag von Giovanni Tornabuoni, eines der reichsten Männer von Florenz, anfertigte. Die von vier Dienern umringte junge Frau im Festgewand trägt die Züge seiner Tochter Ludovica. Sämtliche Szenen enthalten eine Vielzahl zeitgenössischer Porträts.

»Schultern«). *Spalliere* waren nicht nur größer als *cassoni*, sondern unterschieden sich – ähnlich wie die zeitgenössischen Kapellenfresken – außerdem durch ihre betont räumliche Darstellungsweise. Wie die *cassoni* variierten auch die *spalliere* eine begrenzte Anzahl gleichbleibender Motive und suchten unterschwellig zu belehren.

Um das Jahr 1481 gab Antonio Pucci, dessen Sohn in die Familie Bini einheiratete, bei Sandro Botticelli (1445–1510) vier Gemälde in Auftrag. Als Thema wählte Antonio Pucci die Geschichte des Nastagio degli Onesti aus Boccaccios »Decamerone« – ein durchaus passendes Motiv, da auch Boccaccios Erzählung mit einer Hochzeit endet. Das vorliegende Gemälde zeigt Nastagio, wie er sich vor Schmerz über seine unerwiderte Liebe zur Tochter des Paolo Traversari in die Wälder von Chiassi zurückzieht, um dort vor den Toren seiner Heimatstadt Ravenna Trost zu suchen (Abb. 86). Dabei wird er Zeuge einer ungewöhnlichen Erscheinung: Eine Dame wird von einem Ritter hoch zu Roß und bösen Hunden verfolgt. Wer die Episode kennt, weiß, daß der Ritter Selbstmord begeht und die Dame an

den Folgen ihrer Reue stirbt und daß beide zu ewigen Qualen verdammt sind. Im zweiten Gemälde schneidet der Ritter das Herz und andere Organe aus dem Körper der Dame heraus, um damit seine Hunde zu füttern. Dessenungeachtet rafft die Dame sich wieder auf und flieht. Das dritte Gemälde schildert ein Festessen, das Nastagio am Ort der Erscheinung gibt, um seiner Angebeteten das Schicksal vor Augen zu führen, das sie zu ereilen droht, falls sie nicht in die Heirat einwilligt. Das vierte Gemälde zeigt den glücklichen Ausgang der Geschichte – jene Hochzeitsfeier, mit der die Familien der Onesti und der Traversari zu Verwandten werden. Alles in allem eine recht drastische Art und Weise, die Ehefrauen zum Gehorsam gegenüber ihren Männern anzuhalten.

Die Geburt eines Kindes, vor allem eines Sohnes (für eine Tochter würde eine Mitgift fällig), war natürlich auch für die Florentiner Familien des 15. Jahrhunderts ein freudiges Ereignis. Die Frau erfüllte damit die Aufgabe, die als ihre wichtigste galt. Die weibliche Verwandtschaft stellte sich unverzüglich ein und brachte, wie Ghirlandaios Fresko zeigt, meist Leckereien mit. Zum Andenken gab man einen *desco da parto* – einen Geburtsteller – in Auftrag. Die polygonalen oder auch runden Teller waren häufig beidseitig bemalt und zeigten etwa den Triumph der Liebe (nach Petrarca), den Jungbrunnen oder die prunkvolle Geburtstagsfeier (Abb. 87). Die Geburt eines Kindes gab nicht nur Anlaß zu einem Fest, sondern auch zu Dankgebeten und Weissagungen. Jede zehnte Florentiner Wöchnerin starb im Kindbett, und viele Kinder erlebten nicht einmal ihren ersten Geburtstag.

Die Porträts in den einzelnen Gemächern zeigten etwa bis zur Jahrhundertmitte Profilansichten, die antiken Münzen nachempfunden waren. Nur in ganz wenigen Fällen ist heute noch bekannt, wen ein Porträt zeigt bzw. woher es stammt. Die Aufgabe der Porträts war vielfältig: Sie dienten propagandistischen Zwecken, hielten herausragende Ereignisse wie beispielsweise Hochzeitsfeierlichkeiten fest und dokumentierten den Stolz über die gesellschaftliche Stellung. Vor allem zeugten sie jedoch von der Frömmigkeit der betreffenden Familie. Während des ganzen 15. Jahrhunderts war es üblich, Porträts lebender und bereits verstorbener Familienmitglieder in Fresken und Altarbilder einzubeziehen. Domenico Ghirlandaio hat in mindestens zwei Fällen Verstorbene dargestellt, als ob sie noch lebten (Abb. 88 und 89). Bis in Leonardo da Vincis Zeit hinein lassen Florentiner Porträts wenig Rückschlüsse auf die Gemütsverfassung der dargestellten Personen zu. Sie spiegeln nicht die Persönlichkeit, sondern den sozialen Status wider. Frauenbildnisse belegen dies am deutlichsten (Abb. 90). Sie zeigen in hohem Maße idealisierte, dem vorherrschenden Schönheitsideal entsprechende Geschöpfe mit zartem Teint, gezupften Augenbrauen und kunstvoll stilisierter Haartracht, deren kostbare

87 **Anonym**, Geburtsteller mit Geburtsszene, zwischen 1435 und 1440. Tempera auf Holz, Durchmesser 56 cm. Gemäldegalerie, Staatliche Museen – Preußischer Kulturbesitz, Berlin.

Dieses stark unter dem Einfluß von Masaccio und Domenico Veneziano stehende Gemälde besticht durch seine Qualität.

Gewänder und Geschmeide nicht etwa ihren eigenen Rang, sondern denjenigen ihres Ehemannes bekundeten.

In den 50er Jahren des 15. Jahrhunderts kamen männliche Marmorbüsten auf, die naturalistischen Römerbildnissen aus republikanischer Zeit nachempfunden waren. Im Falle jener Marmorbüste, die Antonio Rossellino (1427–1479) von Matteo Palmieri schuf, ging der Einfluß der Antike über formale Ähnlichkeiten noch hinaus (Abb. 91). Palmieri ließ die Büste über dem Portal seines Hauses anbringen (daher der stark verwitterte Zustand) und folgte damit einem Brauch, den Plinius unter den römischen Patriziern eingeführt hatte.

Die Florentiner Häuser enthielten darüber hinaus eine Reihe weiterer Gegenstände: Holzschnitte mit religiösen Motiven, Tongeschirr, in dessen dekorativem Rankenwerk häufig Tierdarstel-

88 **Domenico Ghirlandaio,**
Doppelbildnis eines Greises und eines Knaben, um 1480. Tempera auf Holz, 63 x 46 cm. Musée du Louvre, Paris.

89 **Domenico Ghirlandaio,**
Kopf eines Mannes, um 1480. Silberstift und Weiß auf scharlachrotem Papier. 28,2 x 9,9 cm. Graphische Sammlung, Nationalmuseum, Stockholm.

Totenmasken (diejenige von Brunelleschi ist erhalten) und am Totenbett angefertigte Skizzen dienten gelegentlich als Grundlage für Porträts. Die vorliegende Skizze wurde offenkundig für das vitale, anheimelnde Porträt von Abbildung 88 herangezogen.

Kirchliche und säkulare Lebensformen

lungen eingearbeitet waren (Abb. 92). Mit der Erfindung des Buchdrucks hielten auch gedruckte Bücher Einzug in Florentiner Haushalte – angesichts der stattlichen Preise allerdings nur in geringer Zahl. Auf besonderes Interesse stießen gedruckte Bücher mit handgemalten Illustrationen.

Schon früh hatten Humanisten und Künstler mit dem Sammeln von Altertümern begonnen – von Münzen bis hin zu Skulpturen. Solche Altertümer waren auch bei Florentiner Bürgern beliebt, die über keine großen Vorkenntnisse verfügten – sei es, um sich einfach an ihrem Anblick zu ergötzen, sei es, um die intellektuellen Ambitionen ihres Besitzers und letztlich dessen Bildung und Prestige herauszustellen. Im Rahmen dieser Sammlertätigkeit kam im späten 15. Jahrhundert Kunst im modernen Sinne auf. Das Bronzerelief, das Bertoldo di Giovanni (um 1420–1496) in den späten 70er Jahren schuf, zierte vermutlich einen Kamin. Die einem römischen Sarkophag in Pisa abgeschaute Schlachtszene sollte in erster Linie dem Besitzer, Lorenzo de' Medici, sowie dessen Gästen ästhetischen Genuß bieten (Abb. 93).

Eine Miniatur zu Vergils »Georgica« beweist, daß die Florentiner ihre Blicke und ihre Gedanken nicht nur innerhalb der Stadtmauern schweifen ließen. Die »Georgica« war die berühmteste antike Abhandlung über das Landleben. Man vergißt allzu leicht, daß die wirtschaftliche Blüte von Florenz auf dem Ackerbau beruhte. Eine florentinische Spruchweisheit besagte »Nur Tiere leben auf dem Land«, und Alberti wetterte über das betrügerische Gebaren der Bauern (obwohl in Wahrheit eher die Bauern übervorteilt wurden). Die Vor- und Nachteile der Kindererziehung in der Stadt und auf dem Lande abwägend, räumte Alberti allerdings ein, daß man auf dem Land leichter Ruhe und Zufriedenheit fände und die Kinder sich dort ungestörter und gesünder entwickeln könnten.

Ganz gleich, wie die Florentiner über das Landleben dachten, die Umgebung bot der Stadt im 14. Jahrhundert hinreichend Möglichkeiten, die angenehmen Seiten des Landlebens zu genießen, und gegen Ende des 15. Jahrhunderts erfreuten sich Villen auf dem Lande als Sommersitze großer Beliebtheit. Poggio a Caiano etwa (Abb. 95) war eine solche Villa, die Lorenzo de'

Gegenüberliegende Seite:
90 Alesso Baldovinetti,
(1425–1499)
Weibliches Porträt,
um 1460. Tempera auf Holz,
61 x 40 cm. National Gallery,
London.

91 Antonio Rosselino,
Büste des Matteo Palmieri,
1468. Marmor, 53,3 cm hoch.
Museo Nazionale del
Bargello, Florenz.

Medici ab 1487 auf einem der Familie Rucellai abgekauften Grundstück errichten ließ. Der idyllische Sommersitz Poggio a Caiano lud zum Jagen und Fischen ein. Die reizvolle Landschaft schlug sich in Lorenzos mythologisierender Dichtung nieder, in der er das nahegelegene Flüßchen Ambra als Nymphe versinnbildlicht, die zu neuem Leben erwacht. Der Bau wurde zu Lorenzos Lebzeiten zwar nicht ganz fertig, wohl aber der antikisierende, eine römische Tempelfront nachahmende Portikus, dessen Terrakottafries neben dem Jahreslauf den Fortschritt der Menschheit bis ins Goldene Zeitalter Lorenzos schildert. Leider ist keine komplette Innenausstattung einer solchen Villa erhalten, doch weiß man, daß die bedeutendsten Künstler damaliger Zeit – Castagno, Botticelli, Perugino, Ghirlandaio, Filippino Lippi und Pollaiuolo – dazu herangezogen wurden. Die von ihnen gestalteten Themen reichten von den *Berühmten Männern und*

92 Doppelhenkelkrug mit kobaltblauem Reliefdekor, Florenz, 15. Jahrhundert. Ton, 21,5 cm hoch. Museo Nazionale del Bargello, Florenz.

Das Dekor toskanischer Töpferwaren entwickelte sich von den einfachen Farbmustern des 14. Jahrhunderts zu jenem kunstvollen Design, wie es der abgebildete Krug aufweist, um schließlich Motive aus den nördlich und östlich an die Toskana angrenzenden Gebieten zu übernehmen.

Rechts:
93 Bertoldo di Giovanni, Schlachtszene, um 1479. Bronze, 43 x 99 cm. Museo Nazionale del Bargello, Florenz.

Bertoldo fertigte auch verschiedene Bronzestatuetten an, bei denen es sich offensichtlich um erste Exemplare von Sammlerstücken handelte – eines Genre, das sich in Norditalien großer Beliebtheit erfreuen sollte.

Oben:
94 Apollonio di Giovanni (zugeschrieben),
Detail aus einer Illustration zu Vergils »Georgica«, zwischen 1450 und
1460, Buchmalerei, 17,2 x 8,4 cm. Biblioteca Riccardiana, Florenz.

Kirchliche und säkulare Lebensformen 139

Frauen Andrea del Castagnos in der Villa Carducci (Abb. 96) bis hin zu Botticellis Darstellung seiner eigenen von Venus und den Grazien umringten Braut in der Villa Tornabuoni.

In den 90er Jahren des 15. Jahrhunderts lieferte die häusliche Einrichtung reicher Familien ein treffendes Beispiel jener Prachtentfaltung – *magnificentia* – , wie sie die Humanisten im Bereich der Architektur propagierten, aber nur wenige Bauherren offen zur Schau zu stellen wagten. Gleichzeitig bahnte sich in dieser Zeit ein tiefgreifender Wandel an: Die Medici wurden aus Florenz vertrieben, und vorübergehend wurde der leidenschaftliche Bußprediger und Prophet Girolamo Savonarola (1452–1498) zum wahren Herrscher von Florenz, das er in eine Theokratie (einen Gottesstaat auf Erden) verwandeln wollte. Statt Karnevalsliedern wurden nun religiöse Hymnen gesungen, und die in zeitgenössischen Porträts sichtbaren kostbaren Gewänder wichen schlichten und bescheidenen Straßenkleidern. Den 1497 und 1498 auflodernden »Scheiterhaufen der Eitelkeiten« fielen Gemälde, Skulpturen, Kosmetika, Musikinstrumente und Brettspiele zum Opfer. Ein großer Teil der Gegenstände, die den künstlerischen und kulturellen Reichtum jenes herausragenden Zeitalters ausmachten, verbrannte zu einem Häuflein Asche.

Rechts und unten:

96 Andrea del Castagno, *Berühmte Männer und Frauen,* Villa Carducci, Ende der 40er Jahre des 15. Jahrhunderts. Fresko, auf Leinwand übertragen. Uffizien, Florenz.

Das vorliegende Fresko stammt aus der Villa Carducci vor den Toren von Florenz. Zu den berühmten Personen, den *famosi,* zählen Krieger, Staatsmänner, tugendhafte Frauen und Schriftsteller: Pippo Spano, Farinata degli Uberti, Niccolò Accaiuoli; Sibylle von Cumae, Königin Esther und Königin Tomyris (rechts); Dante, Petrarca und Boccaccio. Das im selben Raum befindliche, die Madonna samt Adam und Eva zeigende Fresko wurde 1948/1949 entdeckt und befindet sich heute noch an Ort und Stelle.

In der unteren Abbildung werden die Fresken in jener Anordnung dargeboten, in der sie im Museo Castagno (Refektorium von Sant' Apollonia) zur Schau gestellt wurden, bevor man sie in die Uffizien verbrachte.

Kapitel 7

Florenz und seine Götter

Im Jahr 1333 wurde Florenz von der schlimmsten Hochwasserkatastrophe heimgesucht, die die Stadt je erlebt hatte (Abb. 98). Die Fluten rissen viele Zeugnisse der Vergangenheit mit sich fort, unter anderem die antike, Mars darstellende Reiterstatue, die den Brückenkopf des Ponte Vecchio geziert hatte.

Ihrer Funktion als militärischer Vorposten wegen war die einstige Römerstadt Florenz dem Kriegsgott Mars geweiht worden, und 1333 herrschte allgemein die Überzeugung vor, daß das Baptisterium ursprünglich ein Marstempel gewesen war. Als die antike Statue in den Fluten versank, war der Wettstreit zwischen dem römischen und dem christlichen Florenz noch keineswegs beendet, war die Stadt doch nachhaltig vom Heidentum geprägt, so daß auch die alten Götter ihren Platz innerhalb der neuen Religion fanden.

Florenz schien anfangs in ein heidnisches und ein christliches Lager zu zerfallen. Das heidnische Florenz war die am nördlichen Ufer des Arno unter Cäsar gegründete Römerstadt, während das christliche, zwei oder drei Jahrhunderte jüngere Florenz südlich des Arno von San Miniato bis zum christlichen Friedhof von Santa Felicità reichte. Allmählich faßte das Christentum auch in der nördlichen Stadthälfte Fuß, und im sechsten oder siebten Jahrhundert wurde inmitten jenes Viertels, das sich später zum religiösen Zentrum der Stadt entwickeln sollte, der frühchristliche, Johannes dem Täufer geweihte Vorgängerbau des heutigen Baptisteriums errichtet.

Doch die Teilung der Stadt bestand weiterhin. Dante Alighieri schrieb Anfang des 14. Jahrhunderts seine berühmte »Divina Commedia«, jene Reise zum himmlischen Heil, in der sündige Christen sündigen Heiden begegnen, wobei beide Gruppierungen einander aufgrund ihrer Vergehen gleichgestellt sind. Von Dante an schienen die Bewohner der christlichen und der heidnischen Welt unwiederbringlich aufeinander verwiesen zu sein, auch wenn sich bisweilen Streitereien nicht vermeiden ließen.

97 **Donatello**, *David*, 1408–1416. Marmor, 191 cm hoch. Museo Nazionale del Bargello, Florenz.

Einer dieser Konflikte brach im frühen 15. Jahrhundert aus. Der bereits als Befürworter einer frühzeitigen religiösen Unterweisung der Kinder erwähnte Fra Giovanni Dominici wetterte im Dom gegen die heidnischen Dichter, die das christliche Florenz dem sicheren Untergang entgegenführten. Der persönlich den Idealen des Mönchstums nahestehende Coluccio Salutati schlug einen anderen Weg ein, indem er die christlichen Verdienste des Herkules rühmte und die Vorteile aufzeigte, die eine Einbeziehung der ethischen Ansätze antiker Geistesgrößen wie Platon, Cicero, Seneca und Mark Aurel in die Lehre Jesu Christi und der Kirchenväter mit sich brächte. Fra Giovanni Dominici und Coluccio Salutati repräsentierten zwei Richtungen, die damals als Klassiker und Moderne bezeichnet wurden. Die Klassiker waren ganz und gar der traditionellen kanonischen christlichen Lehre verpflichtet, während die Modernen aus der Konfrontation mit einem wiederentdeckten Gedankengut, das älter als das Christentum selbst war, neue Wertvorstellungen für eine sich im Umbruch befindliche Gesellschaft zu entwickeln suchten.

Die Frömmigkeit des durchschnittlichen Florentiners, der die religiösen Bräuche und Vorstellungen übernahm und weiterführte, ohne sie zu hinterfragen, tangierten derartige Debatten kaum. Die einfachen Bürger oder Bürgerinnen interessierten sich eher für die Habgier oder die fleischlichen Gelüste der Geistlichkeit, wie sie z.B. von Boccaccio ins Lächerliche gezogen wurden, als für theologische Spitzfindigkeiten oder die Frage, was der gebildete Mensch lesen solle und was nicht. In den Straßen von Florenz wirkte ein gewisser Antonino (Antonino Pierozzi; 1389–1459), ein später heiliggesprochener Dominikaner, der im Jahr 1446 nur äußerst widerstrebend Erzbischof von Florenz wurde und demonstrativ barfuß in die Stadt einzog. Nur wenigen Florentinern dürfte bekannt gewesen sein, daß jener Antonino eine »Summa Theologia«, ein theologisches Nachschlagewerk in vier Bänden, verfaßt hatte. Sie kannten und schätzten ihn als eifrigen Seelsorger und Pragmatiker, der für eine Reform des Klerus und der kirchlichen Einrichtungen von Florenz eintrat.

Einer recht gewagten, jedoch wiederholt vorgebrachten Ansicht zufolge geriet Florenz unter Erzbischof Antonino (1446–1459) in eine religiöse Krise, die sich auch auf die Kunst

98 Diese Fotografie des Hochwassers vom November 1966 vermittelt eine Vorstellung davon, wie es in Florenz während der verheerenden Flutkatastrophe von 1333 ausgesehen haben könnte.

auswirkte. Als Beleg dafür wird unter anderem Donatellos ausgemergelt wirkende Holzfigur der *Heiligen Maria Magdalena* (Abb. 99) angeführt, doch hatte Donatello bereits 1438 eine derart asketische Statue geschaffen. Domenico Venezianos Altarbild *Madonna mit dem Kind und den Heiligen Franz von Assisi, Johannes der Täufer, Zenobius und Lucia* (siehe Abb. 63), das einem verhärmten, hageren Johannes dem Täufer eine idealisierte Lucia gegenüberstellt, legt eine andere Vermutung nahe – daß asketische Heilige absichtlich herb stilisiert wurden und folglich nicht zwangsläufig von persönlichen oder allgemeinen Krisenzuständen künden.

Zweifellos zeichnen sich Donatellos Spätwerke aus den 60er Jahren – einschließlich der Bronzereliefs mit der Passion Christi – durch ihre visionäre, zukunftsweisende Wirkung aus, an die allein Paolo Uccellos *Sintflut* (Abb. 68, S. 111) heranreicht. In der *Beweinung Christi* trauern die tief erschütterten Gestalten über den Tod eines auffallend alten, bärtigen Gekreuzigten, indem sie sich teilweise wie antike Mänaden die Haare raufen, während gespenstisch wirkende nackte Reiter durch den Hintergrund jagen (Abb. 100). Die Szene wirkt grob und willkürlich zurechtgestutzt. Diese beiden Bronzereliefs zieren die Kanzeln im Langhaus von San Lorenzo – ob es sich hierbei um ihren ursprünglichen Bestimmungsort handelt, ist allerdings umstritten. Man sollte in ihnen weniger den Prüfstein eines Zeitalters sehen als vielmehr das letzte Werk eines großen Künstlers, der – nachdem er die grundlegenden Maßstäbe für seine Epoche gesetzt hatte – sich mit einer rein persönlichen Vision über dieselben hinwegsetzte.

Ab der Mitte des 15. Jahrhunderts setzte sich allgemein eine naturalistische Kunst durch, die auf verschlüsselte Botschaften

99 Donatello, *Heilige Maria Magdalena*, Mitte der 50er Jahre des 15. Jahrhunderts. Bemaltes Holz. 188 cm hoch. Museo dell' Opera del Duomo, Florenz.

Holzfiguren dieser Art wurden für gewöhnlich bemalt. In der Stadt Florenz war diese Technik weniger verbreitet als in der übrigen Toskana und vor allem in Umbrien.

Links:
100 Donatello, *Beweinung Christi*, um 1465. Bronze. San Lorenzo, Florenz.

verzichtete. Dies gilt für Benozzo Gozzolis Szenen aus dem Leben des Heiligen Augustinus in San Gimignano, für Fra Filippo Lippis Fresken im Prato und für die in gelungener Zusammenarbeit zwischen Architekt, Bildhauern und Malern errichtete Grabkapelle des Kardinals von Portugal in San Miniato.

Die Sassetti-Kapelle in Santa Trinità

Die im Auftrag von Francesco Sassetti in Santa Trinità errichtete Grabkapelle zeugt ebenfalls von einem naturalistischen Kunstverständnis (Abb. 101). Sie wurde zwischen 1480 und 1485 von Domenico Ghirlandaio freskiert, der auch das Altarbild fertigte, während die Urheberschaft der beiden Sarkophage nicht eindeutig geklärt ist. Francesco Sassetti war kein gewöhnlicher Bürger. Die Ausstattung der Kapelle ist von höchster künstlerischer Qualität und gewährt dennoch Einblicke in die Mentalität der Florentiner.

Der 1421 geborene Francesco Sassetti hatte in Genf ein Vermögen erworben und avancierte im Jahr 1469 zum Direktor der Medicibank. Er begeisterte sich für humanistisches Gedankengut, förderte entsprechende Vorhaben und trug eine stattliche Sammlung von Handschriften und Münzen zusammen. Die 70er Jahre brachten ihm persönliches Leid, aber auch neue Hoffnung. Sein Sohn Teodoro starb in jungen Jahren, doch 1478 oder 1479 wurde Teodoro II. geboren. Aus Dankbarkeit für diese ›Wiedergeburt‹ legte Sassetti offensichtlich ein Gelübde ab und stiftete die Kapelle. Auch Florenz machte schwere Zeiten durch: Die Pazzi zettelten eine Verschwörung gegen die Medici an, die Giuliano de' Medici im Jahr 1478 das Leben kostete. Diese Bluttat löste einen ernsten, zwei Jahre währenden Konflikt mit dem Papst und seinen Anhängern aus.

Die Ikonographie der Kapelle offenbart sich auf den ersten Blick. Sie ist sowohl Sassettis Namenspatron, dem Heiligen Franziskus, als auch dem Ereignis der Geburt Christi gewidmet, womit der Stifter an die Geburt seines zweiten Sohnes erinnert. Das Altarbild zeigt die *Anbetung der Hirten* (Abb. 102), während die Fresken in traditioneller Manier das Leben des Heiligen Franziskus schildern. Die naturalistischen Gemälde enthalten zahlreiche Porträts zeitgenössischer Personen, Landschaften und Stadtansichten, die alle leicht zu identifizieren sind. Die naturalistische Malweise verbindet sich mit einer ausgeprägten Begeisterung für *all' antica* (antikisierende) Darstellungen, die sich im antiken Sarkophag und in den mit unzähligen nachgedichteten Inschriften verzierten Ruinen des Altarbildes ebenso zeigt wie in den Skulpturenreliefs der prachtvollen Grabmäler und in den monochromen Gemälden daneben, die antiken Münzen nachempfunden waren.

Gegenüberliegende Seite:
101 Domenico Ghirlandaio,
Sassetti-Kapelle, 1482–1486.
Santa Trinità, Florenz.

102 Domenico Ghirlandaio, *Anbetung der Hirten*, 1483–1485 (1485 datiert). Tafelbild. Sassetti-Kapelle, Santa Trinità, Florenz.

Ghirlandaios Altargemälde ist in hohem Maße dem ausgeprägten Naturalismus des niederländischen Meisters Hugo van der Goes verpflichtet, von dem kurz zuvor ein großes (heute in den Uffizien aufbewahrtes) Altarbild in Florenz eingetroffen war, das Tommaso Portinari für den Hochaltar von San Egidio in Auftrag gegeben hatte. Die Fresken beiderseits des Altarbildes zeigen den Stifter Sassetti und seine Gemahlin.

Das Fresko oberhalb des Eingangs zeigt *Die Tiburtinische Sibylle und Augustus* – jenen Kaiser, von dem damals einige glaubten, daß er einst Florenz gegründet habe. Er ist als Heilsbringer dargestellt, als künftiger Kaiser, der Florenz – davon waren die Florentiner überzeugt – als Neues Jerusalem zu seiner Residenz erwählen wird. Das Fresko an der Hauptwand hat *Die Bestätigung der Ordensregel durch Papst Honorius III.* (Abb. 103) zum Gegenstand. Die durch eine Mauer und eine Reihe von Vordergrundfiguren abgetrennte Szene spielt nicht etwa in Rom, wie es der historischen Wahrheit entsprochen hätte, sondern ganz eindeutig auf der Piazza della Signoria mit Blick auf die Loggia dei Lanzi. Eine vorbereitende Skizze belegt, daß das Geschehen ursprünglich in einem Kircheninneren dargestellt werden sollte. Doch dann besann sich der Künstler offenbar auf die Vision des Augustus und den unlängst beigelegten Konflikt mit dem Papst und wählte für die endgültige Fassung die florentinische Piazza della Signoria als ebenbürtiges Pendant des römischen Kapitols – bis hin zur Loggia dei Lanzi als Gegenstück zu den riesigen bogenförmigen Öffnungen der Konstantinsbasilika.

Die vielen autobiographischen Bezüge und das Bestreben, Florenz zum Schauplatz der dargestellten Ereignisse zu machen, sind nicht zu übersehen. *Der heilige Franziskus entsagt der Welt und verläßt sein Elternhaus* spielt in Genf – in der Stadt, wo Francesco

Sassetti nicht etwa der Welt entsagte, sondern zu Reichtum gelangte. Der Empfang der Stigmata vollzieht sich vor La Verna und Pisa, unweit der Arnomündung. In dem Fresko direkt oberhalb des Altarbildes vollbringt Franziskus das Wunder der Erweckung eines Kindes aus der Familie Spini, ein Ereignis, das – obwohl es sich auf der Piazza San Marco in Rom zutrug – kurzerhand auf die Piazza Santa Trinità in Florenz verlegt wurde.

Diese Szene war kein fester Bestandteil des üblichen Franziskuszyklus'; sie trat an die Stelle einer anderen Begebenheit, nämlich *Franziskus erscheint dem Kapitel von Arles*. Das Fresko enthält viele zeitgenössische Porträts, unter anderem Francescos Söhne mit ihren Gemahlinnen oder Bräuten. Der inmitten des Bildes auf eine Totenbahre gebettete, aber lebendige Junge ist mit Sicherheit als Anspielung auf den neugeborenen Teodoro II. zu interpretieren.

In der *Bestätigung der Ordensregel* wird das eigentliche Thema auf bemerkenswerte Weise in den Rang einer beiläufigen Episode verwiesen. Die Blicke des Betrachters werden unweigerlich von den Gestalten im Vordergrund angezogen, die in keinerlei Beziehung zu dem historischen Ereignis stehen. Rechts ist Lorenzo de' Medici zu erkennen, flankiert von Antonio Pucci, einem treuen Gefolgsmann der Medici, sowie dem glatzköpfigen Francesco Sassetti. Auf der Linken stehen drei von

103 Domenico Ghirlandaio, *Die Bestätigung der Ordensregel durch Papst Honorius III.*, 1482–1486. Fresko. Sassetti-Kapelle, Santa Trinità, Florenz.

Sassettis Söhnen. In der Mitte sieht man die jungen Söhne Lorenzos mit ihren Erziehern – allen voran Angelo Poliziano (1454–1494) – die Treppe emporsteigen. Die Franziskuslegende spielt hier nur noch eine untergeordnete Rolle, die zentrale Botschaft kündet davon, wie glücklich Francesco Sassetti sich schätzt, in einem goldenen Zeitalter unter dem Schutz von Lorenzo de' Medici zu leben, dem er sowohl seinen Reichtum als auch sein Ansehen verdankt. Es wäre jedoch falsch, deshalb von einer Verweltlichung religiöser Themen zu sprechen. Die Florentiner betrachteten es nämlich durchaus als Zeichen großer Frömmigkeit, wenn lebende Personen in gebührender Weise in die Darstellung der Heilsgeschichte einbezogen wurden, z. B. indem sie bei Prozessionen oder Mysterienspielen mitwirkten oder sich in Fresken abbilden ließen. Für die zeitgenössischen Besucher der öffentlich zugänglichen Privatkapelle war dies so selbstverständlich, daß sie kaum weiter darüber nachdachten.

Lorenzo de' Medici verhielt sich Sassetti gegenüber ausgesprochen loyal und großzügig, obwohl in diesen Jahren das gesamte Netz der Medicibanken von Mailand bis London zusammenbrach. Wirtschaftliche und politische Umstände trugen mit dazu bei, daß man sich in Florenz ab der Jahrhundertmitte zunehmend in die Privatsphäre zurückzog. Das Gemeinwohl stand fortan weit weniger im Mittelpunkt des Handelns. Dies wirkte sich auch auf die Kunst aus, denn die Zahl öffentlicher Bauvorhaben und Aufträge ging stark zurück. Die Medici übernahmen die Herrschaft der Republik, das geistige und kulturelle Leben konzentrierte sich immer mehr auf eine Elite, deren literarische und philosophische Ausrichtung sich zunehmend von den religiösen Überzeugungen und Bräuchen des einfachen Volkes entfernte.

Marsilio Ficino und das neue florentinische Pantheon

Die zentrale Figur innerhalb dieser neuen Elite war der Gelehrte Marsilio Ficino (1433–1499), der Sohn von Cosimo de' Medicis Leibarzt. Ficino war ein brillanter Sprachgelehrter und von großer Frömmigkeit. In den 50er Jahren durchlebte er offensichtlich eine religiöse Krise, in deren Folge er gegen die seiner Meinung nach zu Unrecht vorherrschende Aristotelische Lehre auftrat. In seiner Argumentation stützte er sich auf Platon. Als selbsternannter »Seelenarzt« strebte er die harmonische Verschmelzung christlichen und heidnischen Gedankenguts innerhalb einer neuen religiösen Doktrin und frommen Philosophie an. Marsilio Ficino war überzeugt davon, daß unterschiedlichen Lehrmeinungen eine verborgene Weisheit und den miteinander konkurrierenden Ansätzen eine allgemeingültige Wahrheit zugrunde lag.

Cosimo de' Medici stellte Marsilio Ficino ein Haus zur Verfügung und beauftragte ihn, alle überlieferten Dialoge Platons

aus dem Griechischen ins Lateinische zu übertragen. Als er dieses Vorhaben um 1468/1469
weitgehend abgeschlossen hatte, begann Ficino
mit seiner »Theologica Platonica«. Zwischen 1473
und 1474 verfaßte er »De christiana religio«. In all
diesen Schriften entwickelte er seine Philosophie
der Gleichzeitigkeit von Licht, Gottheit, Schönheit, Liebe und Seele. Ficino, der unterdessen die
Priesterweihe empfangen hatte, suchte Heidentum, Neuplatonismus und jüdisch-christliche
Tradition miteinander zu verschmelzen.

Da Ficino das Wort und die Entschlüsselung
widersprüchlich scheinender Botschaften in den
Mittelpunkt seiner Werke stellte, waren diese nur
Sprachgelehrten zugänglich, die mit Allegorien
umzugehen verstanden. Die von Ficino neu entwickelten Gedanken zirkulierten daher ausschließlich in vornehmen ›Salons‹, ohne jemals die Straßen von Florenz zu erobern. Aber gerade diese
sollten binnen weniger Jahre zum Schauplatz einer gewaltigen
Auseinandersetzung werden.

104 **Antonio del Pollaiuolo**,
Herkules und die Hydra,
nach 1460 (Detail aus der
Abb. 72 auf Seite 114).
Öl auf Holz. 16 x 10,5 cm.
Uffizien, Florenz.

Die mit christlicher Tugend angereicherte klassische Mythologie zog sich wie ein roter Faden durch Ficinos Schriften und
entwickelte sich zu einem beliebten Motiv florentinischer
Malerei und Skulptur des ausgehenden 15. Jahrhunderts. Ficinos
komplexe Lehre läßt sich schwerlich mit konkreten Kunstwerken
in Verbindung bringen, da es sich in den meisten Fällen um allgemeine zeitgenössische Anspielungen und Parallelen handelt.
Coluccio Salutati hatte bereits der Gestalt des Herkules christliche Züge verliehen, und in den von Antonio del Pollaiuolo
stammenden Herkulestafeln (Abb. 104) lassen sich ähnliche
Einflüsse erkennen. Andere Gemälde – etwa die verschiedenen
mythologischen Darstellungen Sandro Botticellis – sind seit
jeher Gegenstand gelehrter Interpretationen. Florenz huldigte in
der Tat einer Reihe auserwählter ›Gottheiten‹: Christus, der
Jungfrau Maria und den christlichen Heiligen. Es stellt sich die
Frage, inwieweit Venus, Mars, Minerva und Pan diesem
›Pantheon‹ im übertragenen Sinne zuzurechnen sind, und wer
darüber hinaus mit dazuzählte.

Das Konzept vom Mythos als allegorischem Mittel zur Auseinandersetzung mit grundlegenden theologischen und psycho-
logischen Wahrheiten übernahmen die Florentiner von den
Neuplatonikern der Spätantike. Auf diese Weise konnte man die
Vorstellung vermeiden, daß mythischen Vorkommnissen eine
historische Wahrheit anhaftete, und mußte keine Erklärung für
das oft irrationale Verhalten der Götter liefern. Für Marsilio
Ficino und seine Anhänger diente der Mythos als Wegweiser zur
verborgenen Weisheit, dessen mehrdeutige allegorische Botschaften es zu entschlüsseln galt. Die Bildungselite von Florenz

105 Sandro Botticelli,
Primavera (Allegorie des
Frühlings), Anfang der
80er Jahre des 15. Jahrhunderts. Tempera auf Holz.
203 x 314 cm. Uffizien, Florenz.

verehrte die heidnischen Gottheiten nicht etwa an Stelle, sondern in Ergänzung zu Christus, Maria und den Heiligen.

Botticellis *Primavera*

Sandro Botticellis vermutlich in den frühen 80er Jahren des 15. Jahrhunderts für eines der Stadthäuser der Medici in der Via Larga angefertigtes Gemälde *Primavera (*Allegorie des Frühlings) (Abb. 105) scheint das zeitgenössische Denken widerzuspiegeln. Es gehört neben Leonardo da Vincis *Mona Lisa* zu den meistinterpretierten Bildern der Renaissance. Die Spanne der Deutungen ist enorm: Sie reicht von einer Beschränkung auf den vordergründig heidnischen Bildinhalt bis zur Entdeckung tiefgründiger Allegorien komplexer neoplatonischer Vorstellungen.

Die vielfältigen literarischen Vorbilder der Antike – Ovid, Horaz und Seneca – sowie der Einfluß von Botticellis Zeitgenossen Angelo Poliziano (1454–1494) sind offenkundig. Das Gemälde wurde nicht etwa als Illustration zu einem bestimmten literarischen Text angefertigt, obwohl möglicherweise der gewünschte Bildinhalt zunächst schriftlich fixiert wurde. Es könnte sich aber ebensogut um die geniale bildliche Umsetzung eines poetischen Stegreifwerkes handeln. Die Meinungen der Experten gehen sehr weit auseinander. Giorgio Vasari charakterisierte das Gemälde recht einleuchtend als »eine zweite Venus, die die Grazien mit Blumen schmücken, um den Frühling zu verkünden« (Giorgio Vasari, Die Lebensbeschreibungen der berühmtesten Architekten, Bildhauer und Maler. Hrsg. von E. Jaeschke. Bd. II, Die Florentiner Maler des 15. Jahrhunderts. Straßburg 1904, S. 124). Die von der rechten Bildseite her einziehenden Götter des Frühlings entsprechen dem römischen Bauernkalender. Der Windgott Zephyr stellt der Nymphe Chloris nach, die sich in die blumenbekränzte Flora verwandelt. Venus, über deren Haupt Cupido mit seinem feurigen Liebespfeil schwebt, heißt den Betrachter mit einer beredten Geste in ihrer Laube willkommen, während die Grazien seitlich einen Reigen tanzen. Am linken Bildrand vertreibt der Maigott Merkur mit seinem Heroldsstab die letzten Wolken und wendet sich dem herannahenden Sommer zu. Die in frischen Frühlingsfarben erstrahlende Laube der Fruchtbarkeitsgöttin Venus symbolisiert das Reich der Liebe.

Das über drei Meter breite Gemälde vermittelt den Eindruck aristokratischer Eleganz. Die Figuren schweben vor einem wandteppichartigen Hintergrund aus Obstbäumen über einen grünen

106 Luca Signorelli, *Pan als Gott des Naturlebens und als Meister der Musik mit seinen Begleitern*, um 1490. Tafelbild, 194 x 257 cm. Ehemals Berlin, Kaiser-Friedrich-Museum, seit 1945 verschollen.

Rasen. Die Gesichter entsprechen dem zeitgenössischen Schönheitsideal. Die durchsichtigen Stoffe der Gewänder sind mit aufwendigen Mustern durchwirkt und nach einer älteren Florentiner Mode gearbeitet. Vergleicht man das Bild mit Literatur- und Sprachstilen, so entspricht es eher der italienischen Mundart von Dantes irdischem Paradies und Petrarcas Sonetten als dem klassischen Latein; es verkörpert jene Art von Empfindsamkeit, wie sie in Polizianos »Stanze per la Giostra del Magnifico Giuliano« (»Stanzen auf das Turnier«) oder in Lorenzos eigener Dichtung zum Ausdruck kommt. Das Bild knüpft an die Ausmalung des Palazzo Davanzati, Gentiles *Anbetung der Könige*, Uccellos Schlachtszenen und Gozzolis volkstümliche Kapellenfresken an und steht somit in der Tradition der mittelalterlichen Heldenepen. Ursprünglich war es vermutlich als *spalliera* in eine Holzvertäfelung in Lorenzo di Pierfrancesco de' Medicis Brautgemach eingelassen. Fest steht, daß es das Reich der Liebe zeigt, in dessen anheimelnde Atmosphäre Venus den Betrachter einlädt.

Als neuplatonisches Bild läßt es sich dagegen schwerlich deuten, denn es ist keine Illustration zu einem geheimnisvollen, nicht erhaltenen schriftlichen Programm. Andererseits spielte die Liebe im Gedankengut des Gelehrtenzirkels um Ficino eine zentrale Rolle. Venus, deren Freigebigkeit und Großmut so weit reichte, daß sie selbst für die Fruchtbarkeit der Erde zuständig war, verkörperte für diesen Kreis den Inbegriff aller Tugenden. Einer – wenn auch umstrittenen – These zufolge handelt es sich bei den abgebildeten Figuren um idealisierte Porträts zeitgenössischer Persönlichkeiten. Wie dem auch sei, wer dieses Gemälde betrachtet und parallel dazu Polizianos und Lorenzos Gedichte liest, gerät in eine geistige Landschaft voller lebendiger, elegischer und nostalgischer Assoziationen.

Laut Vasari fertigte Luca Signorelli (1445/50–1523) sein Gemälde *Pan als Gott des Naturlebens und als Meister der Musik mit seinen Begleitern* (Abb. 106) im Auftrag Lorenzo de' Medicis und folglich vor dessen Tod im Frühjahr 1492 an – eine Behauptung, die sich zwar nicht beweisen, aber auch nicht ohne weiteres widerlegen läßt. Pan, der Gott Arkadiens, herrschte über Wald und Feld, Hirten, Herden und alle Tiere und bestimmte daher auch den Lauf der Jahreszeiten. Ovid berichtet, daß Pan der Nymphe Syrinx nachstellte und mitansehen mußte, wie diese sich in Schilfgras verwandelte, aus dem er sich zum Trost eine Hirtenflöte schnitzte.

Das Gemälde, dessen Komposition einer heidnischen Version der *sacra conversazione* gleichkommt, zeigt Pan inmitten einer bäuerlichen, Flöte spielenden Schar, zu der betagte Hirten und idealisierte Nacktgestalten – möglicherweise Nymphen der Umgebung – gehören. Obwohl es bislang keine vollkommen befriedigende Interpretation gibt, lassen sich Ähnlichkeiten mit Botticellis *Primavera* erkennen: Es kommen mehrere literarische Quellen in Frage; Unklarheit herrscht darüber, welchem Zweck

das Gemälde an seinem ursprünglich vorgesehenen Standort dienen sollte. Es ist überaus fraglich, inwieweit zeitgenössische Personen darin porträtiert sind, und das Bild wird sowohl als Umsetzung eines konkreten Programms als auch als bloße poetische Beschwörung gedeutet. Lorenzo de' Medici und seine Dichterkollegen mythologisierten die Landschaft um Florenz, indem sie sie mit Göttern und Nymphen bevölkerten. Dem Hirtengott Pan wiesen sie das Gebiet um die Medici-Villa in Fiesole zu, das von Schafhirten bewirtschaftet wurde. Angesichts des damals in Florenz herrschenden, ausgesprochen regen geistigen Klimas bot das Bild *Pan als Gott des Naturlebens* dem gebildeten Betrachter eventuell ganz bewußt mehrere Interpretationsmöglichkeiten an.

Florenz und Savonarola

Nach dem Tode Lorenzo de' Medicis am 8. April 1492 wandelte sich das geistige und politische Klima in Florenz tiefgreifend.

107 Anonym, *Die Hinrichtung Savonarolas*, 1498 oder später. Tafelbild. Museo di San Marco, Florenz.

Das Gemälde wurde vermutlich bald nach Mai 1498 angefertigt, doch läßt sich diese Datierung nicht belegen. Die Hinrichtung wird als schauriges Geschehen dargestellt, von dem allerdings lediglich ein paar Passanten Kenntnis nehmen. Der Überlieferung zufolge drängten sich auf dem Platz unzählige Schaulustige.

108 Filippino Lippi, *Die Vision des Heiligen Bernhard*, 1485–1490. Tempera auf Holz. 210 x 195 cm. Badia, Florenz.

Lorenzos Sohn und Nachfolger Piero war kein sonderlich geschickter Politiker. Am 14. August 1494 fiel König Karl VIII. von Frankreich (1470–1498) mit seinen Truppen in Italien ein und eroberte Neapel. Da Piero de' Medici sich in taktischer Fehleinschätzung mit Neapel verbündet hatte, mußte Florenz neben Pisa und Livorno sämtliche Festungen des Florentiner Landgebietes abtreten, die einst die Sicherheit der Stadt garantierten. Im Herbst wurde Piero de' Medici aus Florenz verjagt. Unter der neuen Regierung erlebte die Stadt vier turbulente Jahre. Wie zuvor Cosimo und Lorenzo de' Medici jahrzehntelang hinter einer republikanischen Fassade die Fäden in der Hand gehalten hatten, regierte nun der Dominkanermönch Girolamo Savonarola von seiner Zelle in San Marco aus als graue Eminenz die Stadt.

Der radikale politische Wandel wurde durch eine Reihe unterschiedlicher Faktoren und geistiger Strömungen ausgelöst: Zu den sozialen und politischen Krisenerscheinungen, die Florenz erschütterten, kam der Glaube vieler Florentiner, daß im Jahr 1500 ein tausendjähriges Reich unter der Herrschaft Christi anbrechen werde; schließlich fand sich ein charismatischer Führer, der die gescheiterte politische Ordnung durch eine neue, auf der alten Vorstellung von Florenz als auserwählter Stadt Gottes basierende Verfassung ersetzen wollte.

1491 beschrieb Savonarola seine Wahlheimat Florenz als blutrünstigen Sündenpfuhl und verderbte Räuberhöhle. Lorenzos Tod und die politischen Ereignisse der Folgezeit bescherten Savonarola bei seinen Predigten im Dom eine riesige Zuhörerschaft. Savonarolas Wirken bedeutete eine tiefe Zäsur in der

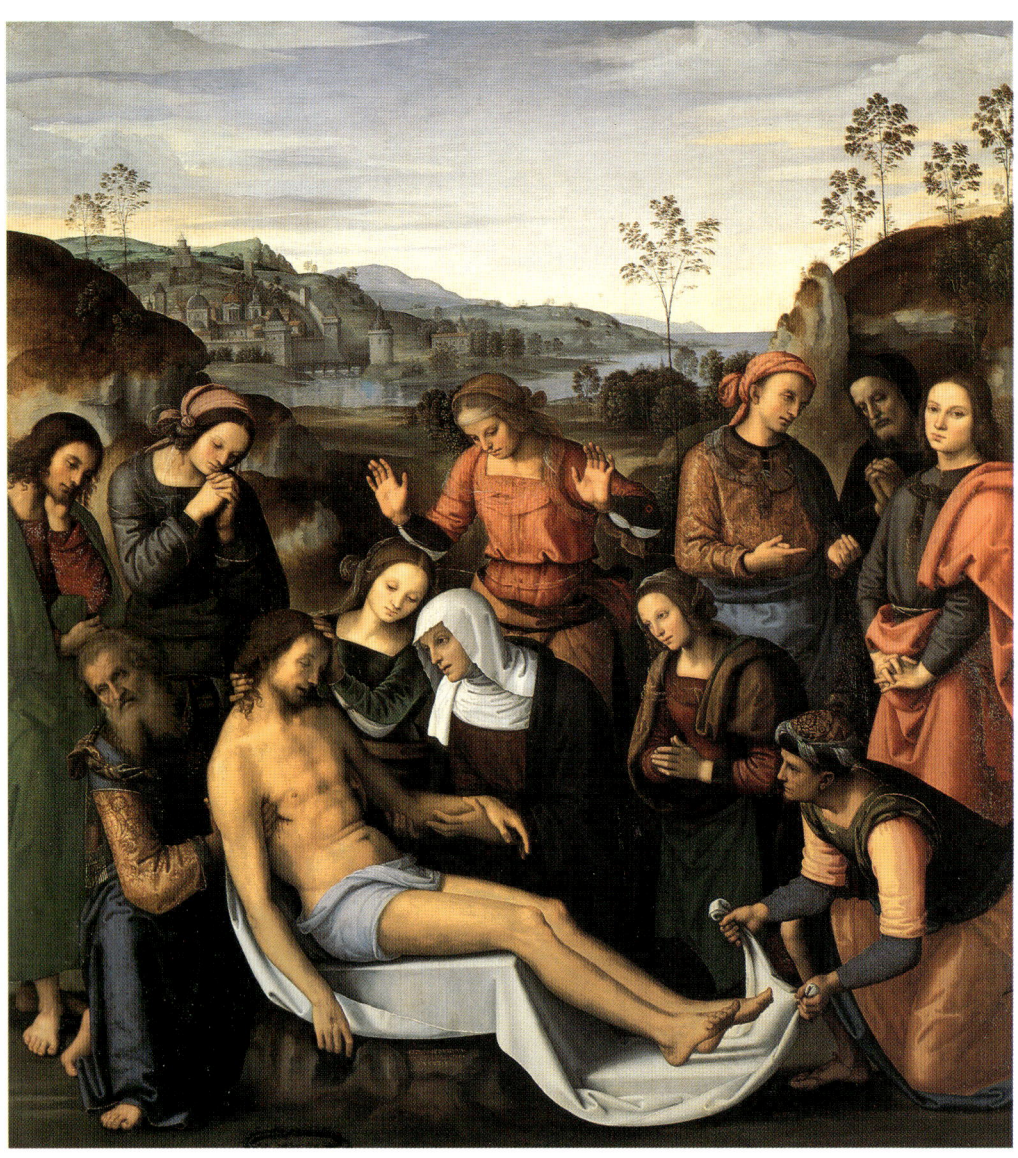

110 Pietro Perugino,
Beweinung Christi, 1495.
Tafelbild, 214 x 195 cm.
Palazzo Pitti, Florenz.

Geschichte der politischen Rhetorik. Zunächst prophezeite er Verderbnis und bittere Reue. In Karl VIII. sah er die Geißel Gottes, eine neue Sintflut oder den das Schwert der Rache schwingenden König Kyros. Als die Medici vertrieben und die Bedrohung durch die französischen Truppen abgewendet waren, begann Savonarola, seine neue Botschaft zu verkünden. Das geläuterte Florenz sollte wieder zur auserwählten Stadt Gottes werden, der ein neues, rühmlicheres und von dauerhaftem Frieden geprägtes Zeitalter bevorstünde.

Unter Savonarola hielt in Florenz ein äußerst strenges Frömmigkeitsideal Einzug. Savonarolas Herrschaft währte jedoch nur kurz: Insofern er sich gleichzeitig den Papst, die Franziskaner und die entmachteten Florentiner Familien zu Feinden gemacht hatte, leistete er seinem eigenen Untergang Vorschub. Wegen seiner ketzerischen Reden und weil er sich als Verwalter von San Marco päpstlichen Anordnungen widersetzt hatte, wurde Savonarola im Juni 1497 exkommuniziert. Von seinem göttlichen Auftrag überzeugt, mißachtete er während der Fastenzeit 1498 das Predigtverbot und sprach zu einer riesigen Menschenmenge. Die Situation spitzte sich weiter zu, bis Savonarola zusammen mit zwei Gefolgsleuten am 28. Mai öffentlich gehenkt wurde (Abb. 107). Ihre Leichen wurden verbrannt und die Asche als Zeichen der Schande in den Arno gestreut.

Inwieweit diese stürmische Phase der florentinischen Geschichte die Kunst beeinflußte, läßt sich schwer abschätzen, doch stellt sich die grundlegende Frage nach dem Verhältnis zwischen Kunst und Religion. Savonarola war der Kunst keineswegs feindlich gesonnen, sondern sah in ihr einen wertvollen Ansporn zur Frömmigkeit. Kunstwerke hatten seiner Ansicht nach schlicht und ohne überflüssigen Zierat zu sein. Vasari zufolge geriet eine große Anzahl von Künstlern in Savonarolas Bann, doch wird dies nur in zwei Fällen durch zuverlässige Quellen bestätigt. Botticelli gehörte laut Vasari dazu, und zwei seiner Bilder scheinen in der Tat von Savonarolas Lehre beeinflußt. Da diese wahrscheinlich aber erst nach Savonarolas Tod angefertigt worden sind, handelt es sich möglicherweise

111 Sandro Botticelli,
Beweinung Christi, 1490.
Tafelbild. 140 x 207 cm.
Alte Pinakothek, München.

Florenz und seine Götter

Gegenüberliegende Seite:
112 Michelangelo,
Pietà, 1498–1499.
Marmor, 174 cm hoch.
Peterskirche, Rom.

eher um Auftragsarbeiten als um persönliche Stellungnahmen des Künstlers.

Savonarolas Forderung nach einer strengen, schlichten Kunst wirft die Frage auf, ob es sich dabei um ein in seinen Augen bislang unerreichtes Ideal handelte, oder ob er sich hier auf die Werke eines bestimmten Künstlers bezog, ohne dessen Namen zu nennen. *Die Vision des Heiligen Bernhard*, die Filippino Lippi (1457/58–1504) zwischen 1485 und 1490 malte, darf als typisches Beispiel für die religiösen Gemälde jener Zeit gelten (Abb. 108). Das Thema ist zwar eindeutig, doch wirkt die Darstellung so überladen – im Hintergrund sind weitere Ereignisse und detaillierte Landschaftsbilder zu erkennen –, daß der Blick des Betrachters leicht abschweift. Das Altarbild, das Pietro Perugino (1445–1523) ein Jahrzehnt später zum selben Thema schuf, verfolgt offenkundig andere künstlerische Intentionen (Abb. 109). Perugino konzentriert sich auf das Wesentliche; seine schlicht gekleideten Figuren werden von einer nüchternen Architektur umrahmt. In den 90er Jahren des 15. Jahrhunderts zählte Perugino zu den beliebtesten florentinischen Malern. 1495 malte er für das Kloster Santa Chiara *Die Beweinung Christi* (Abb. 110). Vor einer idealisierten, weder einer bestimmten Jahres- noch Tageszeit zuzuordnenden Landschaft, umringen beherrscht wirkende Trauernde den Leichnam Christi. Daß die physischen Begleiterscheinungen des Todes weitgehend außer acht gelassen wurden, unterstreicht symbolisch das Sakrament des heiligen Abendmahls. Möglicherweise entspricht diese Darstellungsweise darüber hinaus auch einer persönlichen, über die gesamte Karriere hinweg zu verfolgenden Neigung des Künstlers. Vasari bezichtigte Perugino der Gottlosigkeit – ein Urteil, das vielleicht auf dessen emotionslos wirkender Malweise gründete. Diametral demgegenüber steht Botticellis zwischen 1490 und 1500 gemaltes Altarbild für die Kirche San Paolino (Abb. 111). Der starre, gekrümmte Leib Christi löst beim Betrachter geradezu physische Angst aus, während die um ihn versammelten Trauernden in Mimik und Gestik tief empfundene Schmerzen zeigen.

Eine berühmte Skulptur aus dem 15. Jahrhundert – Michelangelos *Pietà*, die dieser um 1498/1499 für die Peterskirche anfertigte – knüpfte eher an Peruginos nüchterne Darstellungsweise an (Abb. 112). Ein Apollo nachempfundener Christus ruht im Schoße seiner jungen Mutter. Die dreieckige Komposition strahlt Ruhe und Frieden aus, der sanfte Faltenwurf hat nichts mit Botticellis harter Linienführung gemein. Mutter und Sohn, die einander in Jugend und Schönheit in nichts nachstehen, scheinen das vom Heiligen Bernhard in Dantes »Divina Commedia« beschworene Paradox zu versinnbildlichen: »Vergine madre, figlia del tuo figlio« – »Jungfrau und Mutter, Tochter deines Sohnes« (Dante, Das neue Leben / Die göttliche Komödie, 33. Gesang).

113 Michelangelo
David, 1501–1504. Marmor, 4 m hoch. Galleria dell' Accademia, Florenz.

Michelangelos Genie

In den Augen der Zeitgenossen markierten die Jahre 1492 (in dem Lorenzo de' Medici starb) und 1494 (die Invasion der französischen Truppen) das Ende eines Zeitalters. Um 1500 wandten sich die Künstler vom eingehenden Studium der Natur ab und statt dessen monumentalen und stark idealisierten Formen zu. Vasari hatte bereits erkannt, daß Leonardo das Bindeglied zwischen den beiden Epochen darstellte, und moderne Kunsthistoriker pflegen die Jahre zwischen 1500 und 1520 als »Hochrenaissance« zu bezeichnen. Dieser Begriff ist problematisch, suggeriert er doch, daß seit der vorausgehenden – in Analogie »Frührenaissance« zu nennenden – Epoche ein kontinuierlicher Fortschritt stattgefunden habe.

Tatsächlich aber begann der unaufhaltbare Niedergang der florentinischen Republik bereits vor Lorenzos Tod. Lorenzo hatte den Grundstein zur Fürstenherrschaft der Medici gelegt. Die Mediciherzöge kultivierten einen sogenannten manieristischen Stil und nutzten die Kunst häufig zur Selbstdarstellung. Das Florenz des 16. Jahrhunderts wird häufig noch der Renaissance zugerechnet und am vorausgehenden gemessen. Sinnvoller wäre gewiß ein Vergleich mit dem päpstlichen Rom des 16. Jahrhunderts. Das Herzogtum der Medici kündigte ebenso wie die päpstliche Hofhaltung jene höfische Kultur an, die im darauffolgenden Jahrhundert die europäischen Fürstentümer prägen sollte.

Michelangelos *David* vereinigt auf wundersame Weise das alte und das neue Kunstideal. Als Michelangelo 1499 seine *Pietà* vollendet hatte, kehrte er nach Florenz zurück, um dort 1501 einen Auftrag anzunehmen, der seine herausragende Stellung besiegelte. Der gigantische *David* (Abb. 113) war bereits 1504 vollendet und wurde am Eingang des Palazzo della Signoria aufgestellt. Dort verblieb er, bis man ihn im Jahr 1873 durch eine Kopie ersetzte. Giorgio Vasari zweifelte rund vierzig Jahre nach der Vollendung des David weder an dessen künstlerischem Rang noch an seiner politischen Aussage: »Und wahrhaftig, dieses Werk stellte alle Bildwerke in den Schatten, ob sie modern oder antik, griechisch oder lateinisch sein mochten..., er (Michelangelo) entwarf einen jungen David, mit der Schleuder in der Hand, der als Wahrzeichen des Palastes dienen konnte.

114 Bernardo Rossellino, Grabmal für Leonardo Bruni, nach 1444. Marmor. Santa Croce. Florenz.

Leonardo Bruni, Kanzler von Florenz und Historiograph, starb am 9. März 1444. Das Begräbnis fand nach »dem Brauch der Alten« statt: Brunis Leichnam wurde in eine Toga gehüllt und mit Lorbeer bekränzt, und man legte ihm ein Exemplar seiner Florentiner Chronik in die Hände.

115 Donatello, *David*, vermutlich um 1440. Die Datierungen reichen von 1430 bis 1445 und später. Bronze, 158 cm hoch. Museo Nazionale del Bargello, Florenz.

Denn gleich wie David sein Volk verteidigt und mit Gerechtigkeit regiert und geleitet hatte, so sollten auch die Schirmherren von Florenz ihre Stadt mutig verteidigen und mit Gerechtigkeit regieren«. (Vasari, Die Lebensbeschreibungen der berühmtesten Architekten).

Michelangelos *David* in den geschichtlichen Zusammenhang einzuordnen, fällt nicht leicht, weil die Statue heute nämlich nicht mehr an dem Ort steht, an dem sie sich vierhundert Jahre lang befand, für den sie ursprünglich aber gar nicht bestimmt gewesen war. Als Michelangelo mit den Arbeiten für seinen *David* begann, hatte er vermutlich mehreres im Sinn. Zum einen bewegte ihn möglicherweise ein politisches Ziel. Zum anderen sah er sich mit einer ganzen Tradition von Davidstatuen – darunter denen von Donatello und Verrocchio – konfrontiert. Während Michelangelo sich durch diese älteren Werke herausgefordert gefühlt haben dürfte, war Leonardo da Vinci sein unmittelbarer Rivale. Er kehrte nämlich gerade um diese Zeit aus Mailand, wo er sich achtzehn Jahre lang aufgehalten hatte, nach Florenz zurück. Insbesondere aber sollte sein *David* den krönenden Abschluß eines seit langer Zeit von den Stadtvätern der Arnostadt verfolgten Skulpturenprojektes bilden – in Auftrag gegeben worden waren nämlich eine ganze Reihe monumentaler, die Chortribüne des Florentiner Domes schmückende Prophetengestalten.

Viele ältere Kunstwerke hielten bedeutende Ereignisse der florentinischen Geschichte fest und rühmten die Namen der maßgeblich daran Beteiligten. Im Dom gedachte die Stadt ihrer großen militärischen Anführer, wie die gewaltigen Fresken bezeugen, welche Paolo Uccello und Andrea del Castagno den condottieri Giovanni Acuto und Niccolò da Tolentino widmeten. Schriftstellern wurden vergleichbare Ehren zuteil: Der Historiker und Kanzler Leonardo Bruni erhielt in Santa Croce ein elegantes, von Bernardo Rossellino gestaltetes Marmorgrab (Abb. 114). Das Andenken an Dante und Petrarca wurde durch Einlegearbeiten – *intarsia* – in den Türen des Palazzo della Signoria lebendig gehalten. Gegen Ende des 15. Jahrhunderts errichteten die Florentiner herausragenden Künstlern im Dom Gedenkbüsten. Diese und weitere Kunstwerke dienten gewissermaßen als weltliche Glücksbringer, indem sie vom historischen Rang der Stadt kündeten. Obwohl die Kunst des 15. Jahrhunderts in großem

Umfang mythologische und biblische Gestalten thematisierte und Symbole und Allegorien verwendete, enthält sie noch keine aufdringliche Programmatik, wie sie das darauffolgende Jahrhundert, die Päpste, Könige und Fürsten der Barockzeit so sehr schätzten. Im 15. Jahrhundert fiel die politische Botschaft viel verhaltener aus. Oft scheint man sich erst nach der Fertigstellung eines Kunstwerks Gedanken über dessen politische Aussage gemacht zu haben. Die David-Thematik ist ein ganz typisches Beispiel hierfür. In den Jahren 1408/ 1409 schuf Donatello einen *David* für die nördliche Außenwand des Doms (Abb. 97). Da man offensichtlich der Meinung war, daß die Statue für den ursprünglich vorgesehenen Standort zu klein ausgefallen sei, lagerte man sie vermutlich ein, bis sie im Jahr 1416 von der Signoria, dem Rat der Stadt, erworben wurde. Die näheren Umstände sind unklar, doch wurde die Skulptur damals offenbar überarbeitet: Aus dem Propheten mit Schriftrolle wurde ein Krieger mit einer Schleuder und die Statue wurde mit einer Inschrift versehen: PRO PATRIA FORTITER DIMICANTIBUS ETIAM ADVERSUS TERRIBILISSIMOS HOSTES DII PRAESTANT AUXILIUM – »Den tapferen Kämpfern für das Vaterland stehen die Götter auch gegen die schrecklichsten Feinde bei« (B. A. Bennet/D. G. Wilkins, Donatello, Stuttgart 1986, S. 72). Diese Inschrift verlieh dem Kunstwerk eine ikonographische Bedeutung, die ohne den erläuternden Text niemals so offenkundig geworden wäre, vielleicht aber ursprünglich auch gar nicht beabsichtigt war.

Über Donatellos aus späteren Jahren stammenden fast nackten, geheimnisvollen Bronzedavid ist viel gemutmaßt worden (Abb. 115). Da weder das Entstehungsdatum noch der ursprünglich vorgesehene Standort überliefert sind, kann über die politische Aussage nur spekuliert werden. Im Jahr 1469 zierte die Statue den Innenhof des neuerbauten Palazzo Medici. Von dort wurde sie 1495, nach der Vertreibung der Medici, in den Hof des Palazzo della Signoria gebracht. Falls sie jedoch, wie die meisten Experten glauben, bereits vor 1445 angefertigt wurde, wäre sie älter als der Palazzo Medici und ihre ursprüngliche Bestimmung

116 Donatello, *Judith und Holofernes*, um 1456/1457. Bronze, 236 cm hoch. Palazzo della Signoria, Florenz.

Die Fotografie zeigt die Skulpturengruppe an ihrem ursprünglichen Standort – in situ – auf der Piazza della Signoria, bevor sie in das Innere des Palastes gebracht wurde.

somit unbekannt. Falls sich ein Zusammenhang zu einer weiteren Arbeit Donatellos, der nach 1450 gefertigten Bronzeskulptur *Judith und Holofernes* (Abb. 116) nachweisen ließe, ergäbe sich eine plausible politische Deutung. Die fragliche Statue schmückte vermutlich (in Sichtweite des *David)* den Garten des Palazzo Medici. Sie trug zwei Inschriften: REGNA CADUNT LUXU, SURGUNT VIRTUTIBUS URBES: CASEA VIDES HUMILI COLLA SUPERBA MANU – »Reiche stürzen durch Unzucht, durch Tugenden steigen die Städte. Siehe, der Hoffart Haupt fällt von der Demut Hand« (H. Kauffmann, Donatello. Eine Einführung in sein Bilden und Denken. Berlin 1936, S. 170) und »Piero, Sohn des Cosimo Medici, hat die Statue dieser Frau jener Freiheit und Standhaftigkeit gewidmet, die der Republik durch den unbeugsamen und beständigen Sinn der Bürger geschenkt wird« (Bennet/ Wilkins, Donatello, Stuttgart 1986, S. 89).

Auch diese Skulptur kam – wie der Bronzedavid – 1495 in den Palazzo della Signoria. Zwischen der Gestalt der Judith und jener des David besteht eine Verbindung: Beide retteten, obwohl körperlich schwach, ihr Volk durch geistige Stärke. Wenn die beiden Skulpturen wirklich zusammen im Palazzo Medici standen und in einem zeitlichen Abstand von fünfzehn Jahren angefertigt wurden, liegt die Vermutung nahe, daß der ikonographische Zusammenhang nachträglich durch die zweite Skulptur hergestellt wurde.

Die Statue des David gelangte nach ihrer Fertigstellung nie an den für sie ursprünglich vorgesehenen Standort. Vermutlich fehlten die technischen Voraussetzungen, um das gewichtige Kunstwerk emporzuheben. Neben technischen Problemen dürfte auch die wachsende Bedrohung durch den kriegerischen Papstsohn Cesare Borgia (um 1475–1507), der ein Auge auf das florentinische Territorium und die Stadt selbst geworfen hatte (die sich damit in einer ähnlich schwierigen Situation befand wie ein Jahrhundert zuvor, als sie von Mailand bedroht wurde), die Wahl des endgültigen Bestimmungsortes beeinflußt haben.

Das aus einer stattlichen Anzahl von Künstlern bestehende Beratungskomitee suchte nach alternativen Standorten für den *David*. Lediglich zwei Mitglieder sprachen sich dafür aus, ihn im Dom unterzubringen, während die übrigen für den mittleren Bogen der Loggia della Signoria plädierten (dies entsprach offenbar auch Michelangelos Vorstellung) bzw. für das Westportal des Palazzo della Signoria, wo die Statue schließlich aufgestellt wurde.

Der *David* wies die Bürger der Arnostadt ebenso wie Fremde darauf hin, daß die Stadt willens und fähig war, potentielle Unterdrücker zu besiegen. Der *David*, dessen Schöpfer ebenso wie Leonardo von der Zunftverfassung abgewichen war und die Kunst in den Rang einer intellektuellen Beschäftigung erhoben hatte, war der größte unter den »Göttern« von Florenz und Michelangelo, wie Vasari glaubte, »göttlich«.

1300-1400

1309–1377	Gefangenschaft der Päpste in Avignon. Rom verliert seine zentrale politische und kulturelle Bedeutung
1347–1350	Pestepidemie: Der »Schwarze Tod« von 1347–1350 dezimiert die Bevölkerung Europas um ein Drittel bzw. um die Hälfte.
1378	Tumulto dei ciompi - Aufstand der Ciompi in Florenz; die ersten größeren Arbeiterunruhen im frühneuzeitlichen Abendland
1378	Abendländisches Schisma bis 1417

1400-1450

1402	Der Tod von Giangaleazzo Visconti bewahrt Florenz vor der Eroberung durch Mailand
1406	Florenz nimmt Pisa ein
1434	Cosimo de' Medici kehrt aus dem Exil zurück
1439	Das Konzil von Ferrara verabschiedet in Florenz ein Unionsdekret mit der Ostkirche
1446	Antonio wird Erzbischof von Florenz

1450-1500

1452	Osmanische Eroberung Konstantinopels, griechische Gelehrte fliehen nach Italien
1452	Friede von Lodi, drei Jahrzehnte Frieden auf der italienischen Halbinsel
1464	Tod von Cosimo de' Medici
1478	Pazzi-Verschwörung, Ermordung von Giuliano de' Medici
1492	Tod von Lorenzo de' Medici
1494	Frankreich fällt in Italien ein. Vertreibung der Medici
1494–1498	Regierung Savonarolas

LITERATUR	BILDENDE KUNST

um 1315	Dante, »Divina Commedia«	um 1300	Florentiner ›Bauboom‹
um 1348–1353	Boccaccio, »Decamerone«	um 1300	Freskenzyklus des Heiligen Franziskus in Assisi
1347	Der Humanist und – in der Volks-sprache schreibende – Dichter Petrarca wird in Rom nach antikem Vorbild als *poeta laureata* mit Lorbeer bekränzt	um 1305	Giotto freskiert die Arena-Kapelle zu Padua
		um 1320	Giotto freskiert die Bardi- und Peruzzi-Kapelle in Santa Croce
		1336	Andrea Pisano fertigt seine Baptisteriumstüren
		1366–1367	Beschluß, den Florentiner Dom mit einer Kuppel zu überwölben

	Staatspolitische Schriften florentinischer Humanisten; unter anderem von Alberti, Bruni, Palmieri und Salutati	1402	Wettbewerb für die Baptisteriumstür
1417	Wiederentdeckung eines Vitruv-Manuskripts	1410–1425	Statuen von Orsanmichele
		1425–1427	Brancacci-Kapelle
um 1436	Alberti, »De pictura praestatissima et numquam satis laudate arte« (»Della pittura«)	1420–1436	Domkuppel
		1420–1430	Brunelleschi: Loggia und Kirchen
um 1450	Alberti, »De re aedificatorio« (»Dell' architettura«)	1425–1452	Ghibertis »Paradiestür«für das Baptisterium
um 1450	Ghiberti, »Commentarii«	1438–1452	Fra Angelico in San Marco

1460–1470	Ficino übersetzt Plato	1460–1470	Spezialisierte Werkstätten von Verrocchio und Pollaiuolo
1480	Lorenzo de' Medici führender Dichter Italiens	1470–1480	Botticellis mythologische Gemälde
1470–1490	Ficino und Lorenzo scharen einen Kreis Gelehrter um sich:		Florentiner Künstler in Rom, Mailand und Venedig:
	• »Poliziano, Stanze per la giostra« (»Stanzen auf das Turnier«)	1481	• Verschiedene Maler arbeiten an der Sixtinischen Kapelle
	• Pico della Mirandola, »De dignitate hominis« (»Über die Würde des Menschen«)	1481–1482	• Leonardo da Vinci in Mailand
	• Landino, »Kommentar« zu Dantes »Divina Commedia«	1480	• Verrocchio in Venedig
1490	Savonarolas Predigten und Schriften. Leonardo da Vinci beginnt mit seinem Lehrbuch über Malerei	1501–1504	Michelangelos *David*

Bibliographie

Das vorliegende Literaturverzeichnis konzentriert sich auf den geschichtlichen Hintergrund und auf Fragestellungen, die das Kunstschaffen in Florenz betreffen. Bei der Zusammenstellung waren vor allem neuere Forschungsergebnisse sowie die Kriterien der Lesbarkeit und Zugänglichkeit ausschlaggebend. Kunstgeschichtliche Überblickswerke wurden ebensowenig berücksichtigt wie Museumskataloge und eine Vielzahl von Künstlermonographien. Vergleiche hierzu F. Hartt: History of Italien Renaissance Art: Painting, Sculpture, Architecture. überarb. v. D. Wilkins, 4. Aufl. New York, Prentice-Hall and Harry N. Abrams 1994.

ALLGEMEINES

Andres, G., J. Hunisak und R. Turner: The Art of Florence. 2 Bde. (New York, Abbeville Press 1988. (Umfassende Zusammenstellung an - meist farbigen - Illustrationen zur florentinischen Kunst).

Bolgar, R.: The Classical Heritage and ist Beneficiaries. Cambridge, Cambridge University Press 1958.
Borsook, E.: The Mural Painters of Tuscany from Cimabue to Andrea del Sarto. Neuaufl. Oxford, Oxford University Press 1979.
Ders.: The Companion Guide to Florence. London, Fontana Books 1973. (Sehr schön aufgemachter Stadtführer.)
Brucker, G.: Florenz in der Renaissance. Reinbeck 1990 (Ein sich auf das Wesentliche beschränkendes Resumee aus der Feder des Nestors der amerikanischen Renaissanceforschung, dessen zahlreiche weiteren, spezielleren Titel ebenfalls sehr zu empfehlen sind).
Burke; P.: Die Renaissance in Italien. Sozialgeschichte einer Kultur zwischen Tradition und Erfindung. Aus dem Englischen von Reinhard Kaiser, Berlin 1984. (Grundlegende Studie zur Bildungselite und deren gesellschaftlichem Hintergrund).
Burckhardt.: Die Kultur der Renaissance in Italien: Ein Versuch. Durchges. v. Walter Goetz, 10. Aufl. Stuttgart, Kröner 1976. (Dieses erstmals 1860 erschienene Werk bildete die Grundlage für anderthalb Jahrhunderte Renaissanceforschung).

Grendler, P.: Schooling in Renaissance Italy. Literacy and Learning, 1300 - 1600. Baltimore und London, John Hopkins University Press 1989.

Hale, J.: The Civilization of Europe in the Renaissance. New York, Atheneum 1994. (Äußerst empfehlenswertes, die neuere Forschung wiedergebendes Buch).
Hay, D.: The Italian Renaissance in its Historical Background. Cambridge, Cambridge University Press 1961.
Hibbert, C.: Florence: The Biography of a City. New York, Norton 1993.
Holmes; G.: Florence, Rome and the Origins of the Renaissance. Oxford, Clarendon Press 1986.

Larner, J.: Culture and Society in Italy, 1290 – 1420. London, B. T. Batsford 1971.
Lewis, R.: The City of Florence: Historical Vistas and Personal Sightings. New York, Farrar, Straus and Giroux 1995 (Ein wunderbares Buch, das – die Tradition von John Ruskin, Henry James und Mary McCarthy fortsetzend – persönliche Eindrücke wiedergibt).

Macadam, D.: Blue Guide: Florence. New York, W. W. Norton 1991.
Martines, L.: Power and Imagination: City-States in Renaissance Italy. New York, Knopf 1980 (Martines arbeitet in seiner gelungenen Darstellung die grundlegende Bedeutung einer wirtschaftlichen und kulturellen Phase bei der Entstehung der Renaissance heraus).
Meiss, M.: The Great Age of Fresco: Discoveries, Recoveries, and Revivals. New York, Braziller 1970.

Panofsky.: Die Renaissancen der europäischen Kunst. Übersetzt von Horst Günther. Frankfurt/M. 1979.

Touring Club Italiano: Firenze e Dintorni. 6. Aufl. Mailand 1974. (Ausführlichster Florenzführer).
Trexler, R.: Public Life in Renaissance Florence. Ithaca, Cornell University Press 1991.

Weiss, R.: The Renaissance Discovery of Classical Antiquity. New Yor, Humanities Press 1969.

QUELLEN

Alberti, L. B.: De pictura: Drei Bücher über die Malerei. Leone Battista Altertis Kleinere Kunsttheoretische Schriften. Im Originaltext herausgegeben von Dr. Hubert Janitschek, Wien 1877.
Derselbe: De re aedificatoria. Zehn Bücher über die Baukunst. M. Theuer, Wien 1912.
Derselbe: Della famiglia. Vergleiche L. B. Alberti, Das Gesamtwerk. Herausgegeben von F. Borsi, Stuttgart und Zürich 1982.

Brucker, G.: The Society of Renaissance Florence: A Documentary Study. New York und London, Harper and Row 1971.

Cassirer, E., P. Kristeller, J. Randall (Hg.): The Renaissance Philosophy of Man. Chicaco, University of Chicago Press 1948.
Cennini, C.: Il Libro dell' Arte. Hg. v. F. Brunello und L. Magagnato, Vicenza 1971.

Fallico, A. und H. Shapiro (Hg. u. Übers.): Renaissance Philosophy Vol. I: The Italien Philosophers. New York, The Modern Library 1967I
Ficino, M.: Sopra lo Amore ovvero Convito di Platone. Hg. v. G. Bensi, Mailand, ES 1992.

Garin, E.: (Hg.), Prosatori Latini del Quattrocento. Mailand und Neapel, Riccardo Ricciardi Editore 1952.
Ghiberti, L.: I Commentarii. 2 Bde., übersetzt von J. von Schlosser, Berlin 1911/12.
Gilbert, C.: Italian Renaissance Art: Sources and Documents. Englewood Cliffs und London, Prentice Hall 1980.

Kemp, M., und M. Walker: (Übers. und Hg.): Leonardo on Painting. New Haven und London, Yale University Press 1989. (Hervorragende Einführung für Studenten).

LANDUCCI, L.: A Florentine Diary from 1450 to 1516. New York, Arno Press 1969.

HOFSTADTER, A., und R. KUHNS (Hg.), Philosophies of Art and Beauty: Selected Readings in Aesthetics from Plato to Heidegger. New York, The Modern Library 1964 (Abschnitt über Marsilio Ficino).

MEDICI, LORENZO DE': Dichtungen. Übers. und erläutert von Carl Stange, Bremen 1940.

POLIZIANO, A.: Übers. von D. Quint, The Stanze of Angelo Poliziano. University Park, PA, The Pennsylvania State University Press 1993.

RICHTER, J.-P., und I. RICHTER: The Literary Works of Leonardo da Vinci. London, Phaidon 1970.

VARESE, C.: Prosatori Volgari del Quattrocento. Mailand und Neapel, Riccardo Ricciardi Editore 1955.

VASARI, G.: Vite de' più eccellenti pittori, scultori, et archittetori (ed. Gaetani Milanesi), 9 Bde., Florenz, Sansoni 1877–1885.

DERSELBE: Die Lebensbeschreibungen der berühmtesten Architekten, Bildhauer und Maler, Deutsch herausgegeben von Emil Jaeschke, 7 Bde., Straßburg 1904.

VESPASIANO DA BISTICCI: Vita di uomini illustri del secolo XV. Bologna, Ed. Frati 1892/93.

VILLANI, G.: La Prima Parte delle Historie Universali de suoi Tempi. Venedig, Ad instantia di Giunti di Fiorenza 1559.

EINFÜHRUNG

ARTUSI, L.: Le arti I mestieri di Firenze. Rom, Newton Compton Editori 1990.

BELTING, H.: Likeness and Presence. A History of the Image before the Era of Art. Chicaco und London, University of Chicago Press 1994.

KREYTENBERG, G.: Orcagna's Tabernacle in Orsanmichele Florence. New York, Abbeville Press 1994. Vergleiche auch D. HAY: The Italian Renaissance. Dort findet man eine ausführliche Erörterung zu den in der Einleitung angeschnittenen Fragestellungen.

I. AUFSTIEG DER STADT

FANELLI, G.: Firenze: Architettura e città. Florenz, Vallechi Editore 1973. (Eine umfassende Darstellung, die leider nur in größeren Bibliotheken konsultiert werden kann.)

FEI, S., G. SICA und P. SICA: Firenze: Profilo di Storia Urbana. An Outline of Urban History. Florenz, Alinea Editrice 1995. Italienisch und Englisch. (Im Wesentlichen eine verkürzte, wenn auch interessante Wiedergabe von Fanelli, Firenze.)

NORMAN, D. (Hg.): Siena, Florence and Padua: Art, Society and Religion 1280–1400. 2 Bde., New Haven und London, Yale University Press 1995 (Üppig illustriert).

PUCCI, E.: Com' era Firenze 100 anni fa. Florenz, Bonechi Editore 1969. (Alte Stadtansichten.)

RUBENSTEIN, N.: The Palazzo Vecchio, 1298 - 1532: Government, Architecture and Imagery in the Civic Palace of the Florentine Government. Oxford, Clarendon Press 1995.

II. AUFTRAGGEBER UND KÜNSTLER

AMES-LEWIS, F.: eingel. v. E. Gombrich, Cosimo »Il Vecchio« de' Medici, 1389–1464. Oxford, Clarendon Press 1992. (Vergleiche Kapitel über Mäzenatentum).

DERSELBE (HG.): The Early Medici and their Artists. London, Birkbeck College.

BEYER, A. und B. BOUCHER: Piero de' Medici »Il Gottoso« (1416–1469): Kunst im Dienste der Mediceer. Berlin, Akademie Verlag 1993.

CHAMBERS, D. S.: Patrons and Artists in the Italian Renaissance. London, Macmillan 1970.

GLASSER, H.: Artists' Contracs of the Early Renaissance. New York, Garland Press 1977.

GREGORI, M. und S. BIASIO: Firenze nella pittura e nel disegno dal Trecento al Settecento. Mailand, Silvona 1994.

HOLLINGWORTHY, M.: Patronage in Renaissance Italy. Baltimore, The John Hopkins Universitary Press.

JACOB, E.: Italian Renaissance Studies: A Tribute to the Late Cecilia M. Ady. London, Faber and Faber 1960 (Enthält einen grundlegenden Aufsatz E. Gombrichs zum Mäzenatentum der Medici.)

KEMPERS, B.: Painting, Power and Patronage: The Rise of the Professional Artist in the Italian Renaissance. London, Allen Lane 1992.

KENT, F. und P. SIMONS (Hg.): Patronage, Art and Society in Renaissance Italy. Oxford, Clarendon Press 1987.

MARTINDALE, A.: The Rise of the Artist in the Middle Ages and Early Renaissance. New York, McGraw Hill 1972.

THOMAS, A.: The Painter's Practice in Renaissance Tuscans. Cambridge, Cambridge University Press 1995.

WACKERNAGEL, M.: Der Lebensraum des Künstlers in der Florentinischen Renaissance. Aufgaben, Auftraggeber, Werkstatt und Kunstmarkt. Leipzig 1938. (Obwohl in vielerlei Hinsicht inzwischen überholt, bietet Wackernagel dennoch immer noch einen akzeptablen Überblick.)

III. DIE SPRECHENDEN STATUEN

ARTUSI, L. und S. GABRIELLI: Orsanmichele in Firenze. Florenz, Edizione Becocci-Canto de' Nelli 1982.

BARON, H.: The Crisis of the Early Italian Renaissance: Civic Humanism and Republican Liberty in an Age of Classicism and Tyranny. Princeton, Princeton University Press 1955.

JANSON, H.: The Sculpture of Donatello. 2 Bde., Princeton, Princeton University Press 1957. (Grundlegender Katalog.

Vergleiche auch J. Pope-Hennessy 1993; Bennett und Wilkins 1984 sowie J. Poeschke 1990. Letztere ordnen Donatello in einen weiteren Kontext ein.)

KRAUTHEIMER, R. und T. KRAUTHEIMER-HESS: Lorenzo Ghiberti. Princeton, Princeton University Press 1956. (Die sechs letzten Kapitel behandeln allgemeine Probleme der frühen Renaissancekunst.)

SHEARMAN, J.: Only Connect. Art and the Spectator in the Italian Renaissance. Princeton, Princeton University Press 1992.

IV. IM SCHATTEN DES DOMS

ARGAN, G.: »The Architecture of Brunelleschi and the Origins of Perspective Theory in the Fifteenth Century« in: Journal of the Warburg and Courtauld Institutes 9 (1946), S. 96 - 121.

GOLDTHWAITE, R.: The Building of Renaissance Florence. Baltimore, The John Hopkins University Press 1980.

JAZOMBEK, M.: Leon Battista Alberti: His Literary and Aesthetic Theories. Cambridte, Mass. MIT Press 1989.
JENKINS, A. D. F.: »Cosimo de' Medici's Patronage of Architecture and the Theory of Magnificence«. In: Journal of the Warburg and Courtauld Institutes 33 (1970), S. 162–170.

MILLON, H. A. und V. MAGNANO-LAMPUGNANI (Hg.): The Renaissance from Brunelleschi to Michelangelo: The Representation of Architecture. Ausstellungskatalog Venedig, Palazzo Grassi 1994. London, Thames and Hudson 1994.

PEROSA, A.: Giovanni Rucellai ed il suo Zibaldone I: »Il Zibaldone Quaresimale«. London, Warburg Institute 1960.

RYKWERT, J. und A. ENGEL (Hg.): Leon Battista Alberti. Ausstellungskatalog; Mantua: Centro Internazionale d'Arte e di Cultura di Palazzo del Tè 1994. Mailand, Ollvetti/Electa 1994. (Vergleiche insbesondere den Aufsatz von R. Tavernor, S. 300 ff.)

SMITH, C.: Architecture in the Culture of Early Humanism: Ethics, Aesthetics and Eloquence, 1400–1470. New York und Oxford, Oxford University Press 1992. (Ein brillantes Buch, auf welches Kapitel IV mehrfach Bezug nimmt.)

THOMSON, D.: Renaissance Architecture: Critics, Patrons, Luxury. Manchester und New York, Manchester University Press 1993.

WITTKOWER, R.: Architectural Principles in the Age of Humanism. Durchges. Aufl. London, Alec Tiranti 1962.

V. DIE WELT DURCH EIN FENSTER BETRACHTET

ANDREWS, L.: Story and Space in Renaissance Art: The Rebirth of Continuous Narrative. Cambridge, Cambridge University Press 1995.

BAXANDALL, M.: Giotto and the Orators. Oxford, Clarendon Press 1971. (Ausführliche Erörterung jenes wichtigen Zusammenhangs zwischen Albertis Traktat »De pictura« und den rhetorischen Schriften aus der Antike, der in Kapitel V nur kurz angesprochen wird.)

DERSELBE: Painting and Experience in Fifteenth-Centurs Italy. Oxford, Clarendon Press 1972.
BLUNT, A.: Artistic Theory in Italy, 1450–1600. Oxford, Clarendon Press 1966. (In einzelnen Punkten überholt, aber dennoch brauchbare Einführung.)
BURCKHARDT, J.: The Altarpiece in Renaissance Italy. Cambridge, Clarendon Press 1988.

DAMISH, H.: The Origin of Perspective. Cambridge, Mass. und London, MIT Press 1994.

EDGERTON, S.: The Renaissance Rediscovery of Linear Perspective. New York, Basic Books 1975.
DERSELBE: The Heritage of Giotto's Geometry: Art and Science on the Eve of the Scientific Revolution. Ithaca und London, Cornell University Press 1991.
ELKINS, J.: The Poetics of Perspective. Ithaca und London, Cornell University Press 1994. (Das vorliegende Buch stützt sich in weiten Teilen auf diese überzeugende Darstellung.)

GEBHARDT, V.: Schlacht von San Romano. Ein Bilderzyklus zum Ruhme der Medici. Frankfurt 1994.

HUMFREY, P. und M. KEMP (Hg.): The Altarpiece in the Renaissance. Cambridge, Cambridge University Press 1990.

KEMP, M.: Leonardo da Vinci: The Marvellous Works of Nature and Man. Cambridge, Mass., Harvard University Press 1981. (Die beste allgemeine Darstellung zu Leonardo als Künstler und Wissenschaftler.)
DERSELBE: The Science of Art: Optical Themes in Western Art from Brunelleschi to Seurat. New Haven und London, Yale University Press 1990.
KLEIN, R.: Form and Meaning. New York, Viking 1979.
KRAUTHEIMER, R. und T. KRAUTHEIMER-HESS: Lorenzo Ghiberti. Princeton, Princeton University Press 1956. (Enthält ein Kapitel über die Entstehung der Perspektive).
KUBOVY, M.: The Psychology of Perspective and Renaissance Art. Cambridge, Cambridge University Press 1986.

PANOFSKY, E.: Perspektive als »symbolische Form«. In: Vorträge der Bibliothek Warburg 1924/25 und in: Aufsätze zu Grundfragen der Kunstwissenschaft, Berlin 41985.

WHITE, J.: The Birth and Rebirth of Pictorial Space. 3. durchges. Aufl., London, Faber and Faber 1989.

VI. KIRCHLICHE UND SÄKULARE LEBENSFORMEN

ACKERMAN, J.: The Villa: Form and Ideology of Country Houses. Princeton, Princeton University Press 1990.
ALEXANDER J. J. G. (Hg.): The Painted Page: Italian Renaissance Book Illumination. 1450–1550. Ausstellungskatalog London, Royal Academy of Arts und New York, Pierpont Morgan Library 1994, München und New York, Prestel 1994.

BARRIAULT, A.: Spalliera Paintings of Renaissance Tuscany: Fables of Poets for Patrician Homes. University Park, Pa., the Pennsylvania State University Press 1994.

CAMPBELL, L.: Renaissance Portraits. New Haven und London, Yale University Press 1990.

DUBY, G.: Geschichte des privaten Lebens. Bd. 2: Vom Feudal-
zeitalter zur Renaissance. Aus dem Französischen von
Holger Fliessbach, Frankfurt 1991.

FRANCOVICH, R.: Maiolica Arcaica Toscana e »Zaffera a rilievo«.
Florenz, S.P.E.S. 1989.

GOLDTHWAITE, R.: Wealth and Demand for Art in Italy, 1300–1600.
Baltimore, Johns Hobkins University Press 1993.

HOOD, W.: Fra Angelico at San Marco. New Haven und London,
Yale University Press 1993.

KING, M.: Women of the Renaissance. Chicao und London,
University of Chicago Press 1991. (Die beste Einführung zu
diesem Thema.)

KLAPISCH-ZUBER, C.: Women, Familiy and Ritual in Renaissance
Italy. Chicago, University of Chicago Press 1985.

PHILIPS, M.: The Memoir of Marco Parenti: A Life in Renaissance
Florence. Princeton, Princeton University Press 1987.

POPE-HENNESSY, J.: The Portrait in the Renaissance. New York,
Pantheon Books 1966.

POPE-HENNESSY, J. und K. CHRISTIANSEN: »Secular Painting in
15 th-Century Tuscany. Birth Trays, Cassone, Panels and
Portraits«. In: Metropolitan Museum of Art Bulletin, XXXVIII
(Sommer 1980), S. 4–64.

THORNTON, P.: The Italian Renaissance Interior, 1400–1600. New
York, Harry N. Abrams 1991.

ANGELERI, C.: Il Problema Religiosa del Rinascimento: Storia
della Critica e Bibliografia. Florenz, Felice Le monnier 1952.

BORSOOK, E. und F. OFFERHAUS: Francesco Sassetti and
Ghirlandaio at Santa Trinità, Florence: History and Legend in
a Renaissance Chapel. Doornspijk: Davaco Publishers 1981.

CARDINI, F.: Lorenzo il Magnifico. Rom, Libreria dello Stato
Editalia 1992.

DEMPSEY, C.: The Portrayal of Love: Botticelli's Primavera and
Humanist Culture at the Time of Lorenzo the Magnificent.
Princeton, Princeton University Press 1992.

HANKINS, J.: Plato in the Italian Renaissance. Leiden und New
York, E. J. Brill 1991.

HIRST, M. und J.DUNKERTON: Making and Meaning: The Young
Michelangelo. London, National Gallery Publications Ltd. 1994.

SEYMOUR, C.: Michelangelo's David. A Search for Identity.
Pittsburg: University of Pittsburg Press 1967.

STEINBERG, R.: Fra Girolamo Savonarola: Florentine Art and
Renaissance Historiography. Athens Ohio, Ohio University
Press 1977.

VERDON T. und J. HERDERSON (Hg.): Christianity and the
Renaissance: Image and Religious Imagination in the
Quattrocento. Syracuse, Syracuse University Press 1990.

WEINSTEIN, D.: Savonarola and Florence: Prophecy and
Patriotism in the Renaissance. Princeton, Princeton University
Press 1970.

VII. FLORENZ UND SEINE GÖTTER

ADRIANI, M.: Firenze Sacra. Florenz, Nardini Editore 1990.

FOTONACHWEIS

Sofern nicht anders vermerkt haben
die Museen ihr eigenes Fotomaterial
zur Verfügung gestellt. Sammlungen
werden in den entsprechenden
Bildlegenden angeführt. Die ange-
gebenen Ziffern beziehen sich auf
die Abbildungsnummern.

Fratelli Alinari, Florenz: 12;
   41; 48; 52; 96 unten
Artothek, Peissenberg,
   Germany: 109; 111
Raffaello Bencini, Florenz: 23
Berenson Collection, Florenz,
reproduziert mit Genehmigung von
President and Fellows of
Harvard College: 81 (Foto: Studio
Fotografico Quattrone, Florenz)
Biblioteca Medicea Laurenziana,
   Florenz: 4 (MS Tempi 3, © 79)
Bildarchiv Preussischer Kulturbesitz,
Berlin: 57; 87; 106
Courtesy Alberto Bruschi, Florenz: 51
Italfoto Gieffe, Florenz: 98

The Metropolitan Museum,
New York, Rogers Fund, 1918
(18.117.2): 84
Alle Rechte vorbehalten: Museo del
Prado, Madrid: 86
Studio Fotografico Quattrone,
   Florenz: Frontispiez; 1; 2; 3;
   5; 6; 7; 8; 9; 10; 11; 13; 14; 16;
   19; 20; 21; 22; 24; 25; 26; 28;
   29; 30; 31; 33 links; 34; 35; 36;
   37; 43; 45; 46; 47; 53; 55; 56;
   58; 59; 60; 61; 62; 63; 66; 67;
   68; 69; 70; 71; 72; 73; 74; 75;
   76; 77; 78; 80; 82; 85; 91; 92;
   93; 95; 96 rechts; 97; 99; 100;
   101; 102; 103; 104; 105; 107; 108;
   110; 113; 114; 115
Biblioteca Riccardiana,
   Florenz: 94 (Ricc.492 c.18)
Réunion des Musées
   Nationaux, Paris: 88
Scala, Florenz: 15; 17; 27; 39;
   40; 42; 49; 50; 64; 65; 79; 112;
   116; 117

Detail Seite 9, Abb. 4
   (Biblioteca Medicea
   Laurenziana, Florenz)
Detail Seite 23, Abb. 10
   (Foto Quattrone)
Detail Seite 35, Abb. 17
   (Foto Quattrone)
Detail Seite 51, Abb. 30
   (Foto Quattrone)
Detail Seite 69, Abb. 46
   (Foto Quattrone)
Detail Seite 91, Abb. 58
   (Foto Quattrone)
Detail Seite 117, Abb. 95
   (Foto Quattrone)
Detail Seite 143, Abb. 105
   (Foto Quattrone)

REGISTER

176   *Register*